Suchtkrank

Bis alles zerbricht?

AF177085

Tina Franken

Karsten Strauß

„Der einzige Mensch, der sich vernünftig benimmt, ist mein Schneider. Er nimmt jedes Mal neu Maß, wenn er mich trifft, während alle anderen immer die alten Maßstäbe anlegen in der Meinung, sie passten auch heute noch."

-George Bernhard Shaw

ÜBER DIE AUTOREN

Tina Franken

Tina Franken, die eigentlich ganz anders heißt, ist gelernte Handelsfachwirtin, hat Psychologie studiert und ist zertifizierte Mediatorin und zertifizierter Coach eines renommierten Ausbildungsinstitutes.

Sie ist seit über 20 Jahren als Fach- und Führungskraft in der Personalentwicklung, -beratung und -management tätig, seit 2010 Geschäftsleitungsmitglied eines mittelständischen Unternehmens in Bayern. Sie hat zwei erwachsene Kinder, einen stürmischen Hund und eine plüschige Katze, lebt und arbeitet in einer süddeutschen Großstadt und ist außerhalb der Arbeit in den Bergen und der Natur anzutreffen, Kraftorte, die erden. Ihre Geschichte hat ihr gezeigt: es gibt Themen, über die viel gesprochen wird. Im Einzelfall nur selten ehrlich.

Karsten Strauß

Karsten Strauß, der wirklich so heißt, hat Medizin in Kiel und Sozialpädagogik in Düsseldorf studiert, verschiedene Ausbildungen in Therapie und Akupunktur, hat Projekte in Kliniken durchgeführt (Drogenknast, Schwerst- und Mehrfachbehinderte) und in zwei Bundesmodellprojekten gearbeitet(AIDS und Kurzzeittherapie), war Chefarzt einer Suchtfachklinik, Amtsarzt, Mitbegründer und Vorsitzender der NADA Deutschland (National Acupuncture Detoxification Association), Geschäftsführer einer gGmbH.

Seit bald vierzig Jahren beschäftigt er sich mit Abhängigkeitserkrankungen und arbeitet heute als Dozent, Autor und ist Gründer und

Leiter des Instituts für Suchtmedizin in Barkelsby, Schleswig-Holstein. Mit einem speziell entwickelten Programm betreut er u.a. substanz- konsumierende Menschen ambulant deutschlandweit. Und er schult die Mitarbeiter suchtmedizinischer, gerontopsychiatrischer und psychiatrischer Klinik-Abteilungen in einer speziellen Form der Aku- punktur. Er ist Vater von vier Kindern und lebt in Schleswig-Holstein.

Impressum
© 2020 Karsten Strauß, Tina Franken
Autoren: Tina Franken, Karsten Strauß
Umschlaggestaltung:
Karsten Strauß, unter Verwendung einer Vorlage von graphicnode.com

Verlag & Druck: tredition GmbH, Halenreie 40-44, 22359 Hamburg
ISBN: 978-3-347-02964-4
ISBN: 978-3-347-02966-8

Das Werk, einschließlich seiner Teile, ist urheberrechtlich geschützt. Jede Verwertung ist ohne Zustimmung des Verlages und des Autors unzulässig. Dies gilt insbesondere für die elektroni- sche oder sonstige Vervielfältigung, Übersetzung, Verbreitung und öffentliche Zugänglichma- chung.

Bibliografische Information der Deutschen Nationalbibliothek:
Die Deutsche Nationalbibliothek verzeichnet diese Publikation in der Deutschen Nationalbiblio- grafie; detaillierte bibliografische Daten sind im Internet über http://dnb.d- nb.de abrufbar.

Hinweis: Geschützte Warennamen (Warenzeichen) werden nicht immer besonders kenntlich gemacht. Aus dem Fehlen eines solchen Hinweises kann also nicht geschlossen werden, dass es sich um einen freien Warennamen handele.

INHALT

Prolog

ABHÄNGIG KRANK ZU SEIN KANN BEDEUTEN, DASS MAN
SEIN LEBEN VOR SEINEM TOD VERLIERT.

„Alles Scheiße." sagt mein Gegenüber, ein jugendlicher Mensch von 22 Jahren und macht mich damit ratlos: Er hat recht. Er ist krank. Abhängig krank. Drogenabhängig. Heroin, Kokain. Und Alkoholabhängig. Und schon acht stationäre Entzüge hinter sich. Weitere werden folgen. Ambulante Therapien sind erst recht aussichtslos. Desolate Perspektive.

Werde ich ihm helfen können?
Wahrscheinlich nicht. Rein - raus, der Drehtür-Effekt in der Suchttherapie ist sprichwörtlich.

Wird er leben?
Ungewiss. Vielleicht am Rande der Gesellschaft, vermutlich stirbt er einen frühen Tod.

Fünfunddreißig Jahre später.

„Alles Scheiße." sagt mein Gegenüber, und ich habe jede Menge Ideen, diesen Zustand wirksam beheben zu können. Er ist krank. Abhängig krank. Drogenabhängig. Heroin, Kokain. Alkoholabhängig.

Werde ich ihm helfen können?
Wahrscheinlich ja. Drehtür-Effekte sind gerade in der ambulanten Intervention selten.

Wird er leben?
Ziemlich sicher: ja. Mit einer Perspektive auf das, was wir ein normales Leben nennen.

Was ist passiert?

Wir haben viel gelernt und wir haben vieles verstanden.

Kliniken berichten, die so genannte „Rückfallquote" nach einer stationären Suchtbehandlung liege bei über 75% und mehr. „Standardwege führen zu Standardergebnissen", sagte einmal Reinhard K. Sprenger[1].

Standards, die in eine Drehtür führen, sind einfach blöd.

„Wer nicht vom Weg abkommt, bleibt auf der Strecke." ergänzte Sprenger seinen oben zitierten Satz. Lust auf andere Sichtweisen und der Mut, anderes auszuprobieren, das sind oft die Faktoren, die den Menschen weiter bringen.

Heute wissen wir, dass eine Abhängigkeitserkrankung eine schwerwiegende chronische Krankheit ist - und keine Charakterschwäche.

Heute wissen wir, dass der Mensch eine psycho-somatische Einheit ist. Wir wissen, dass es keine Krankheit gibt, die ausschließlich den Körper oder ausschließlich die Psyche betrifft: immer ist der Mensch als Ganzes krank.

Wir haben gelernt, die Akupunktur als zutiefst ganzheitliche, psychosomatische Interventionsform in unsere Therapie einzubeziehen, bei der Abhängigkeitserkrankung übrigens die einzig Erfolg versprechende Methode, dem berüchtigten „Suchtdruck" wirksam zu Leibe rücken zu können.

Und wir haben verstanden, dass Krankheit stets nicht nur den Kranken selbst, sondern auch sein Drumherum betrifft: Partner, Kinder, Freunde, Kollegen, Verwandte, das soziale Umfeld eben in seiner ganzen Breite. Das ist bei einer Abhängigkeitserkrankung in besonders eklatanter Ausprägung der Fall. Auch dieser Aspekt ist übrigens

---

[1] Reinhard K. Sprenger darf wohl mit Recht als profiliertester deutscher Unternehmensberater bezeichnet werden. Er studierte Philosophie, Psychologie, Betriebswirtschaft, Geschichte und Sport, ist promovierter Philosoph und - eigentlich klar - auch Rockmusiker.

ein sehr starkes Argument für die ambulante Interventionsform, die wir in diesem Buch vorstellen, weil nur auf diese Weise ein direktes Miteinander im sozialen Umfeld möglich ist.

Der erste Teil dieses Buches, geschrieben von Karsten Strauß, befasst sich mit dem Verständnis der Abhängigkeitserkrankung und der Interventions-Methodik, inclusive einer eher unkonventionellen Beschreibung verschiedener Substanzen und der Akupunktur und zeigt anhand von 12 authentischen Fall-Beispielen die Möglichkeiten auf.

Der zweite Teil, geschrieben von Tina Franken, berichtet aus der Angehörigen-Sicht einer Ehefrau und Mutter über die teils fürchterlichen akuten und langfristigen Verwerfungen, die ein abhängig kranker Mensch in seiner Umgebung auslösen kann - und es meist auch tut.

Der interessierte Leser findet im **Anhang** eine kurze zusammenfassende Beschreibung der in dieser Methode zur Anwendung kommenden Akupunkturpunkte.

Teil 1 (Karsten Strauß)
1.1. Die Macht der Sprache

In diesem Abschnitt geht es um sprachliche Kommunikation, Intuition und weshalb nur das Subjektive objektiv richtig ist. Und natürlich darum, was das mit Abhängigkeitserkrankungen und Akupunktur zu tun hat.

SPRACHE, VEREINBARUNGEN, DEFINITIONEN

Während ich diesen Beitrag hier verfasse, lese ich „Angriff der Algorithmen" von Cathy O'Neil und soeben hab' ich Irvin D. Yaloms „Wie man wird, was man ist" beiseite gelegt. Beides sind Bücher, die man gelesen haben muss, finde ich.

Ich erwähne das, weil ich den Eindruck erwecken will, ich sei ein gebildeter, belesener Mensch, der sich dauernd in irgendwelcher Literatur vergräbt. Schließlich geht es in der Kommunikation ja darum: man will etwas erreichen, man will einen Eindruck hinterlassen. Niemand erhebt Stimme, Hand oder sich selbst in der Absicht, *nicht* wahrgenommen zu werden.

Natürlich können Sie nicht wissen, dass das seit Jahren die ersten Bücher wieder sind, die ich zur Hand nehme. Ich hab' Sie also hinter's Licht geführt. Das nämlich kann Kommunikation auch: tarnen, täuschen, vorspiegeln. Es müssen noch nicht einmal „Fake-News" sein, schlichtes Weglassen von Aspekten und Details reicht oft schon.

Das alles ist erlaubt, denn nirgendwo gibt es ein Gesetz oder eine Vereinbarung, dass Kommunikation stets wahrhaftig sein muss. Die beiden Begriffe „Vereinbarung" und „wahrhaftig" in diesem Satz sehen wir uns jetzt genauer an.

Ich schreibe mal folgende Buchstaben: s - u - h - a. Und schon sind ein paar erstaunliche Dinge passiert. Ihr Gehirn hat die Helligkeitskontraste (schwarz auf weiß) als Linien interpretiert, diese Linien als vertraute Buchstaben definiert und Ihnen dann mitgeteilt: da stehen die Buchstaben s, u, h und a. Na und, werden Sie vielleicht gesagt haben, was soll das? Gleichzeitig wird Ihr Gehirn sich gefragt haben: ergeben die Buchstaben einen Sinn? Mit etwas Hilfe und einem weiteren Trick (Groß- und Kleinschreibung) werden Sie blitzschnell erkennen, dass sich diese Buchstaben zu dem Begriff „Haus" kombinieren lassen. Das konnten Sie aber noch nicht, als Sie auf die Welt kamen. Sie haben das gelernt: Sprache, Schrift, alles haben Sie und ich uns - teils mühsam - angeeignet. Wir haben gelernt, dass diese Linien, diese Formen, von den Allermeisten aus unserer Umgebung stets gleich interpretiert werden, nämlich als Buchstaben, die sich zu Worten kombinieren lassen. Damit können wir uns untereinander verständigen, wir sprechen eine Sprache, weil wir uns auf eine Interpretation geeinigt haben. Wir haben eine gültige Vereinbarung getroffen.

Wären Sie beispielsweise in einem arabischen Land zur Welt gekommen, würden Sie heute das hier بيت als den Begriff „Haus" interpretieren und mit unseren Buchstaben könnte Ihr Gehirn zunächst rein gar nichts anfangen. Sie müssten erst „eine Sprache lernen". Was schlicht und einfach bedeutet: Sie müssten neue Vereinbarungen lernen, bestimmte Helligkeitskontraste anderen Linien zuordnen und diese dann zu anderen Dingen ordnen, die möglichst einen Sinn, einen Informationsgehalt für Sie ergeben.

Es ergibt sich die Frage: welche Interpretation von Linien ist die wahre, die richtige, welche Vereinbarung der Deutung des Geschriebenen ist richtig? Die Antwort ist klar und einfach: jede. Es kommt nur darauf an, wo man geboren ist, wo man lebt und welche Vereinbarungen dort getroffen wurden, um Kommunikation möglich zu machen und/oder sie zu erleichtern.

Sprache ist also eine Vereinbarung über Deutungen und Interpretationen in bestimmten Zusammenhängen.

Mit Sprache - geschrieben, gesprochen oder gedacht - erfassen und beschreiben wir sämtliche Dinge um uns herum und in uns selbst. Das macht jeder von uns. Und selbst bei gleicher Sprache sieht jeder von uns die Welt mit seinen eigenen Augen - etwas anderes ist nicht möglich, wir können nicht aus uns und unserem Körper hinaus- und in einen anderen Menschen hineintreten. Bestenfalls können wir immer nur wir selbst sein.

Ich habe eben mal nachgeschlagen, wann dieser Marc Aurel eigentlich gelebt hat (römischer Kaiser, 26. April 121 bis 17. März 180), dessen weise Erkenntnis jetzt doch tatsächlich schon fast 2.000 Jahre alt ist: „Alles was wir hören, ist eine Meinung und keine Tatsache. Alles was wir sehen, ist eine Perspektive und keine Wahrheit."

Die aktuelle Kommunikationsforschung bestätigt ihn. Sie hat darüber hinaus noch ein Feintuning vorgenommen, indem sie die Differenzierung in verbale (= Sprache), paraverbale (= Stimme, Stimmlage usw.) und nonverbale (= der nicht über Sprache vermittelte Rest, sich miteinander auszutauschen) Kommunikation eingeführt hat. Sprache, so wird gesagt, mache maximal nur rund zwanzig Prozent unserer gesamten menschlichen Kommunikation aus.

Vergegenwärtigen wir uns einmal kurz, in welcher Welt wir leben: Im Jahr 2018 wird die Erde von rund 7,8 Milliarden Menschen bevölkert. 1958 waren es erst etwa 2,8 Milliarden. Unser kleines Raumschiff bietet den Menschen nur auf dem festen Boden die notwendigen Lebensbedingungen und der beträgt lediglich knapp 30 % der Gesamtoberfläche. Es gibt Menschen, die in Kulturen leben, die aus grauer Steinzeit zu stammen scheinen, Menschen, die in Gegenden leben, die schon Strom kennen, es gibt Menschen, die in so genannten hochentwickelten Städten leben, und es gibt jede Menge Zwischenformen. Viele hundert Jahre Menschheitsgeschichte sind heute noch lebendig und gleichzeitig auf diesem Planeten vorhanden. Je nach Definition kommunizieren Menschen heute in bis zu 7.000 unterschiedlichen Sprachen, Dialekte nicht eingerechnet, was bei Schwäbisch und Ostfriesisch ziemlich unverständlich ist.

Weder Wikipedia, noch sonst ein Auskunftswerk traut sich, eine Zahl zu nennen, wie viele unterschiedliche Kulturen, Religionen und Weltanschauungen es gibt. Jede dieser Kulturen, Religionen und Weltanschauungen prägt Menschen, indem ihnen Vereinbarungen gegeben werden, nach denen sie ihr Leben ausrichten können, sollen oder sogar müssen. Und jeder Mensch für sich ist und bleibt ein Individuum, ein einzelnes einmaliges Ereignis, ein einzelnes einmaliges Leben - mit seiner einzigartigen individuellen Sichtweise auf sich selbst und die Welt. Äußeres Zeichen seiner Einzigartigkeit sind zum Beispiel sein Fingerabdruck und sein genetischer Code. Keine zwei der 7,8 Milliarden Menschen sind völlig identisch, selbst eineiige Zwillinge nicht.

Kommunikation ist die Brücke, die Verbindung zwischen den Individuen, zwischen den teils gewaltigen, teils kaum merklichen, den beständigen und den flüchtigen Unterschieden zwischen Menschen und deren Wahrnehmungen und Sichtweisen. Angesichts der Fülle der Verschiedenheiten können die häufigen Fehlschläge in der menschlichen Kommunikation kaum mehr verwundern.

Einer der hartnäckigsten und in seinen Auswirkungen fürchterlichsten ist das Gerangel um die „Wahrheit", um das „objektiv Richtige", um das „Recht haben". Viele Millionen Menschen sind dem schon zum Opfer gefallen und es waren nicht nur religiös motivierte Kriege, die so wahnsinnig viele Leben ausgelöscht haben.

Ob Militär, Religion, Wirtschaft oder Politik, ob Banker, Politiker, Journalisten, Juristen, Päpste, Generäle oder der schräge Nachbar von Gegenüber - wir wissen schon längst, dass es „die eine Wahrheit" nicht gibt, erleben das tagtäglich.

Wir wissen, dass alles, aber wirklich alles, was wir miteinander kommunizieren, lediglich *Vereinbarungen* sind und keine Wahrheiten.

Und wir wissen, dass es sehr sehr viele Vereinbarungen zum gleichen Thema geben kann, je nachdem, wer sie trifft und was damit erreicht werden soll. Und natürlich ist eine Definition, auch eine wissenschaftliche, nichts anderes als eine Vereinbarung.

Was hat das mit unserem Thema zu tun?

Alles.

Weil wir Sprache benutzen, um Krankheiten oder Störungen, Befindlichkeiten und Missempfindungen zu beschreiben. Und damit die entsprechenden Vereinbarungen meinen. Immer in der Hoffnung, das Gegenüber (Partner, Krankenschwester oder Arzt) kann mit unserer Beschreibung das „Richtige" anfangen.

Weil es eine Definitionssache ist, was wir unter einer Abhängigkeitserkrankung verstehen wollen. Und Definitionen, auch Krankheitsdefinitionen, unterliegen nicht nur einer fachlichen Einschätzung, sondern auch dem, was man „Zeitgeist" nennt (es gibt auch sogenannte „Modediagnosen"), Macht- und nicht zuletzt wirtschaftlichen Interessen. Das ist bei der Definition der Abhängigkeitserkrankung nicht anders. Zu den wirtschaftlichen Interessen gehören übrigens nicht nur industrielle (z.B. Gerätehersteller), sondern auch Unternehmen, bei denen der finanzielle Gewinn nicht an erster Stelle stehen sollte (Krankenhäuser zum Beispiel), und natürlich ebenfalls Ärzteverbände, die Pharma-Industrie und jeder einzelne Arzt, der sein Unternehmen (Praxis) führt, das bei unausgewogener Betriebswirtschaft in die Pleite gehen kann.

Weil es einer Vereinbarung bedarf, wenn wir Akupunktur als Heilkunde bezeichnen (in diesem Fall einer juristischen Vereinbarung).

Weil das Image einer heilkundlichen Methode über die Jahre wechseln kann, genau so, wie das Image einer Krankheit. Zum Beispiel waren Depressionen lange nicht hoffähig, heute hat man fast den Eindruck, sowas wie eine kleine depressive Verstimmung gehört als Reaktion auf die immer härter werdenden Alltagsanforderungen zumindest in der modernen westlichen Welt zur Standardausstattung psychischer Befindlichkeit.

Akupunktur hat sich von einer verschrienen Außenseitermethode mit Humbug-Image zu einer sehr ernst genommenen Alternative manch klassischer Behandlungsmethode entwickelt. Und das insbesondere bei der Behandlung der Abhängigkeitserkrankung.

Eben weil alles eine Frage von Vereinbarungen ist, muss ich Ihnen erläutern, wie meine ganz persönliche Sicht auf den Gegenstand dieses Buches ist: eine moderne Sicht auf die Abhängigkeitserkrankung und Interventionsmöglichkeiten.

Sucht

Sucht, Abhängigkeit, stoffliche Süchte, schädlicher Gebrauch, körperliche und psychische Abhängigkeit, Co-Abhängigkeit, substanzungebundene Sucht - oje, wer soll sich da noch zurecht finden?

Seit bald 40 Jahren beschäftige ich mich mit dem Thema Abhängigkeitserkrankungen auf der praktischen Ebene. Ich darf sagen, dass ich in allen möglichen Bereichen gearbeitet habe: Streetwork, aufsuchende Arbeit, Drogenberatung, AIDS & Drogen, Drogenknast, stationärer Entzug, Kurzzeittherapie, Eingliederungshilfe, Amtsarzt, Psychiatrie, ambulante Therapie und anderes, vom ehrenamtlichen Helfer bis zum Chefarzt einer Fachklinik. Ich durfte sehr viel lernen. Vor allem habe ich einen pragmatischen Blick auf abhängig kranke Menschen und deren Umfeld gelernt, dies- und jenseits gängiger Definitionen. Ich habe gelernt, dass jeder Mensch seine Krankheit individuell durchlebt und eine individuelle Intervention braucht.

Chronisch-rezidivierende Erkrankung

Sucht/Abhängigkeit ist eine schwere und schwer zu therapierende chronisch-rezidivierende Erkrankung.

Chronisch bedeutet: es ist eine langwierige und langfristige Erkrankung, nichts Akutes, das schnell kommt und schnell wieder geht.

Es gibt viele solcher Erkrankungen. Zum Beispiel Atemwegserkrankungen, Herz-Kreislauferkrankungen, Allergien, Schilddrüsenerkrankungen, Magen- und Darmerkrankungen, Hauterkrankungen. Manche begleiten uns ein Leben lang, manche stören kaum, manche sind sehr beeinträchtigend, manche sogar tödlich. Bei vielen chronischen Erkrankungen können wir etwas machen, um sie im Zaum zu halten, bei manchen sind wir hilf- und machtlos.

Der Verlauf chronischer Erkrankungen ist recht unterschiedlich. Einige verharren auf einem bestimmten Niveau und verändern sich nicht, andere werden von Jahr zu Jahr schlimmer und wieder andere haben einen rezidivierenden Verlauf.

Rezidivierend bedeutet: die Krankheit hat einen phasenhaften Verlauf. Es gibt Phasen, in denen der Mensch Symptome hat, schwer unter seiner Erkrankung leidet, akut krank ist. Bei der Abhängigkeitserkrankung bedeutet die Symptomphase: er konsumiert (Konsum-Phase, „Nass-Phase" bei Alkoholikern).

Und es gibt Zeiten, Phasen, in denen der Mensch nichts oder nicht viel von seiner Erkrankung spürt (obwohl sie nach wie vor da ist), er aber nicht akut unter ihr leidet. Bei der Abhängigkeitserkrankung bedeutet das: er konsumiert nichts (Clean-Phase, Trocken-Phase bei Alkoholikern).
Beide Phasen sind obligatorischer Bestandteil einer chronisch-rezidivierenden Erkrankung. Bei vielen chronisch-rezidivierenden Erkrankungen können wir mit unseren heutigen medizinischen Mitteln die symptomfreie Phase ausdehnen und die Krankheitsphase mit Medikamenten mildern. Manche können wir auch heilen.

Die Abhängigkeitserkrankung wird durch Substanzen ausgelöst, die die Potenz haben, eine absolute Macht über den Menschen auszuüben, über seine *Empfindungen*, seine *Wahrnehmungen*, seine *Reizverarbeitung*, seine *Sichtweisen*, seine *Gefühle*, sein *Denken*, seine

Handlungen. Das ist wirklich sehr umfassend und greift tief in den Menschen und seine Verhaltensweisen ein.

Die Substanzen veranlassen den Menschen zu zwanghaften Handlungen. Zwangshandlungen sind nichts Unbekanntes, wir kennen derart schlimme Erkrankungen zur Genüge. Zwangshandlungen sind solche, von denen wir meist zwar wissen, dass sie irgendwie nicht in Ordnung oder gar schädlich sind (z.B. Waschzwang, der auch nicht aufhört, wenn die Haut blutig und kaputt ist und schmerzt wie die Hölle), und wir auch gerne anders handeln würden, wir sie aber trotzdem tun müssen, wir haben keine Wahl - irgendetwas in uns (in diesem Fall die Macht der Substanz) ist stärker als jedes andere Regulativ. Diese Potenz ist von Substanz zu Substanz unterschiedlich groß. Und auch das gesamte Schadenspotenzial, das vom Konsum eines Stoffes ausgeht, ist sehr differenziert zu sehen. Deshalb stimmt der Satz nicht: „Sucht ist Sucht, egal, was der Mensch konsumiert".

Grob gesagt:

Alkohol zum Beispiel ist die meistkonsumierte Substanz. Die Entwicklung einer Abhängigkeitserkrankung von Alkohol ist in der Regel schleichend, kann Jahre, manchmal Jahrzehnte dauern. Die Betroffenen haben sehr häufig ein Gespür dafür, wann es eigentlich zu viel ist mit dem Alkohol.

Bei Kokain sieht das ganz anders aus: die Konsumenten haben über einen manchmal monate- und sogar jahrelangen Konsumzeitraum das Gefühl, die Droge beherrschen zu können. Dabei ist es sehr schnell, meist nach fünf- bis sechsmaligem Konsum, schon andersherum: die Droge übernimmt die Herrschaft. Kokain ist die hinterlistigste Droge, die ich kenne. Und wohl diejenige mit dem ausgeprägtesten Schadenspotenzial, weil sie so oft konsumiert wird von Menschen in Führungspositionen - und deren Entscheidungen und Sichtweisen dann sehr korsettiert sind.

Denn alle Substanzen zwängen den Menschen in das Korsett ihres Wirkprofils. In der Folge kann sich dann ein Gefühl des Überlegenseins einstellen, des Alles-schaffen-könnens, ein Gefühl, Kraft stünde ohne Ende zur Verfügung und man sei hellwach und top-leistungsfähig über viele Stunden (z.B. Kokain, Amphetamine).

Oder man nimmt alles aus der Umgebung und in seinem eigenen Körper als besonders schön und intensiv wahr, ist die Gelassenheit in Person und blendet Negatives einfach aus (z.B. Ecstasy, Benzodiazepine)

Dass solcherlei Interpretation der Realität im privaten wie beruflichen Umfeld zu sehr suboptimalen Handlungen führen kann, dürfte schon aufgrund dieser wenigen Beschreibungen klar sein.

„Rückfall"

Wir arbeiten nicht mit dem Begriff Rückfall. Das will ich gerne erklären.

Jedes Wort hat allgemeine „Bedeutungsinhalte" und natürlich persönliche Färbungen. Bei „Rückfall" denken wohl die meisten von uns daran, dass etwas erneut auftritt, das besser nicht erneut auftreten sollte: die Deutung, das Gefühl bei diesem Wort ist negativ, unangenehm. Bei abhängig kranken Menschen bedeutet das Wort meist: „zurück auf Anfang; alles bis hierhin, das war alles umsonst, wir sind wieder da, wo wir gestartet sind, ich habe versagt." Selbst Therapeuten denken und reden so. Und klassifizieren den Rückfall gern als Versagen des Klienten, Versagen der Therapie oder alles zusammen. Das ist nicht nur falsch, sondern auch alles andere als hilfreich.

Denn einen „Rückfall" kann es nur geben nach einer Phase, in der alles soweit in Ordnung war. Bei einer chronisch-rezidivierenden Erkrankung gehört der „Rückfall" sozusagen per Definition zum Krankheitsverlauf dazu, ist also nichts Besonderes.

18

Würde man jetzt alles wieder auf Anfang schrauben, wäre diese Phase des Erfolgs verloren, nicht mehr wichtig, zunichte gemacht... was erdreisten wir uns da eigentlich? Da hat ein Mensch es geschafft, über einen gewissen Zeitraum seiner Erkrankung ein Schnippchen zu schlagen, gesund zu leben, vielleicht mit Mühen verbunden, mit Anstrengung und schmerzendem Kopf - aber er hat es geschafft. Und das soll jetzt nichts mehr Wert sein? Dieses wunderbare Gefühl, nicht mehr unter dem Zwang der Substanz zu stehen, das war nichts wert? Das ist es nicht wert beachtet, geschätzt und hochgehalten zu werden?

Dazu kommt: schon eine Weinbrandpraline wird als Rückfall bezeichnet, schon eine Pille oder eine Line. Was ist das für eine blöde Philosophie, die ganze tolle Teile einer Biografie, eine Erfolgsgeschichte, einem einzigen Moment opfert?

Nein.

Wir schauen uns das sehr genau an, in jedem einzelnen Fall. Und dann wird in Ruhe nachgesehen, nachgespürt und bewertet: Steht eine erneute Konsumphase bevor? Befindet sich der Klient schon in einer solchen? Wie war die Situation des Konsums? Hätte er z.B. auch mehr konsumieren können, tat es aber nicht?

Es gibt in dieser Situation immer eine ganze Menge Fragen zu klären, zu Gewichten und erst dann, wenn man alles inclusive Zeitablauf berücksichtigt hat, dann kann man sagen, ob's eine Konsumphase ist oder nicht. Und das ist die einzige Entscheidung bei der chronisch-rezidivierenden Abhängigkeits-Erkrankung: Konsumphase oder Clean-Phase.

Oft genug entscheiden wir dann zusammen mit dem Klienten: kein Grund zum Jubeln, über diesen Konsum hat sich niemand gefreut, das war überflüssig, gefährlich und doof, ein Moment punktueller Blödheit. Aber dann schauen wir wieder nach vorn und betrachten zum Beispiel, was diesen Moment nicht zu einer Konsumphase hat werden lassen..."Stärken zu stärken," sagte einmal der Kollege Hirschhausen als er noch richtig gut war, „ist so viel sinnvoller, als an seinen Schwächen herumzudoktern."[2]

Ich will gerne zugeben, dass diese Art des Umgangs sehr viel Erfahrung voraussetzt und, noch wichtiger, wohl nur dann wirklich erfolgreich bewältigt werden kann, wenn Akupunktur eingesetzt worden ist: die Reduktion des Suchtdrucks ist ein Segen.

Und ich will gerne zugeben, dass diese Sichtweise in erster Linie dem abhängig Kranken selbst und seiner Helferseite nützlich, sinnvoll und einfach richtig ist. Angehörigen, die unter einem erneuten Konsum leiden, es mitansehen müssen, es nicht verstehen können, die die mühsam wieder aufgebaute Stabilität mit voller Wucht zusammenkrachen sehen - Angehörigen in solchen Situationen müssen wir zugestehen, dass sie allen verstehenden Sichtweisen zunächst mit Unverständnis, Zorn und Verzweiflung entgegen treten.

Der abhängig kranke Mensch ist schwer krank.

„Du siehst doch, wohin das führt, hör' doch auf mit dem Mist." Das bekommt ein Suchtkranker oft zu hören. Aber Abhängigkeit, Sucht, ist eine schwere Krankheit. Das wissen viele gar nicht. Sie wissen nicht, dass man eine Krankheit nicht einfach loswerden kann, wenn man sie nicht mehr haben will. Sagen Sie mal einem Diabetiker, einem Rheumatiker, einem Allergiker, einem Schilddrüsenkranken oder einem Krebskranken, er solle doch einfach damit aufhören, er wisse doch, dass ihm das nicht gut tut...

„Selbst schuld" sind zwei Worte, die abhängig kranke Menschen so oft zu hören bekommen, dass sie's selbst glauben. Rauchenden Lungenkrebspatienten, fußamputierten Diabetikern und querschnittsge-

---

[2] Hirschhausen, Das Pinguin-Prinzip, ZDF neo, 2010, Quelle: https://youtu.be/Az7lJf-NiSAs

lähmten Reitern schlägt da deutlich mehr Verständnis und Respekt entgegen.

Alkoholkranken und anderen abhängig kranken Menschen, die nicht unverzüglich „zur Vernunft kommen", wird sogar von Therapeutenseite vorgehalten: „Du bist noch nicht tief genug unten, um's zu kapieren. Du musst wohl noch eine Runde drehen…".

Es ist Menschen verachtend, jemanden absichtlich immer weiter abrutschen zu lassen und sein inneres und äußeres Gefüge damit zu demolieren. Es ist eine Illusion zu glauben, jemand habe ausgerechnet dann die größten Kräfte, wenn seine Krankheit gerade die schwersten Schäden anrichtet.

Andererseits: selbstverständlich wird niemand gezwungen, Alkohol zu trinken, als Gesunder Pillen zu schlucken, Heroin zu injizieren, Kokain zu schnupfen oder mit dem Tabakrauchen anzufangen. All das sind freiwillige Entscheidungen. Dummerweise sind alle davon überzeugt, die Angelegenheit im Griff zu behalten.

Wir Menschen halten uns auch angesichts ganz offensichtlicher Gefahren oft für unverwundbar. Jugendliche erst recht. Niemand hat in diesem Alter die Endlichkeit des eigenen Lebens vor Augen, auch als Erwachsene können uns Klimakatastrophe, Umweltverseuchung und Asteroiden nichts anhaben.

Die Millionen-Mega-Cities Istanbul und San Francisco liegen in Gebieten, die mit Sicherheit von verheerenden Erdbeben betroffen sein werden und Fukushima findet immer nur bei den anderen statt. Wir leben mit dem Risiko, es bleibt oft nichts anderes übrig. Aber das verleitet eben auch zu riskanten Entscheidungen, die dann zu Krankheiten führen, die wir so gar nicht haben wollen. Wobei das Trinken eines oder auch mehrerer Biere oder eines Glases Wein absolut nicht als riskante Entscheidung gilt…

Alle abhängig kranke Menschen unterliegen zwei meist zu wenig beachteten Krankheitsmerkmalen: dem Craving und der Ambivalenz.

Craving

Während eine „normale" Krankheit regelmäßig Abwehrmecha-nismen im Menschen in Gang setzt, durch Medikamente oder Opera-tionen beeinflussbar oder heilbar ist und eigentlich immer durchge-hend den Wunsch nach Besserung und Genesung auslöst, macht die Suchtkrankheit etwas anders: sie erzeugt gnadenloses Verlangen nach dem Stoff, der krank macht und krank hält.

Das ist das Craving, der Suchtdruck, die Giftgeilheit. Das ist keine „Art Zwang" mehr, wie die WHO das als ein Symptom unter vielen für die Suchtkrankheit definiert, das ist ein entscheidendes Kriterium, eine fürchterliche Zwickmühle, in der sich der kranke Mensch befin-det, ein Abgrund, in den er zu springen gezwungen ist, obwohl er weiß, dass er sehr hart aufschlagen wird.

Das Craving beherrscht den abhängig kranken Menschen total, seine Gedankenwelt, seine Gefühlswelt und seinen Körper. Er erwacht mit dem Gedanken, ob noch genügend Stoff im Haus ist, ob er genug Geld für weiteren hat, wo er mehr bekommen kann; sein Tagesablauf drapiert sich um den Augenblick des Konsums herum; ja, er hat noch Gefühle für seine Nächsten, kann Freude empfinden, Trauer, Liebe, Wut - aber alles ist dem Gefühl des Haben-müssens des bevorzugten Stoffes untergeordnet, ebenso sein Empfinden für Recht und Unrecht; er spürt die Gier nach dem Stoff in jeder Faser seines Körpers, es tut weh und er weiß: erst der Stoff wird ihm Linderung verschaffen, sei-nem Körper, seinem Geist, seinen Gedanken, seinen Gefühlen.

Ambivalenz

Ambivalenz ist etwas vertracktes: Hü-Hott und Brrrr gleichermaßen und gleichzeitig; soll ich links abbiegen oder doch lieber rechts; tu ich's oder tu ich's nicht. Bestenfalls bedeutet Ambivalenz Entscheidungsstau, Verzögerung, schlechtestenfalls Stillstand und Entscheidungsunfähigkeit. Ambivalenz ist Zerrissenheit und Passivität. Sie ist nicht sonderlich angenehm.

Alle Menschen, die psychotrope Substanzen außerhalb einer definierten therapeutischen Behandlung konsumieren, sind ambivalent. Ambivalent heißt: sie wollen den Stoff konsumieren und auch wieder nicht, sie wollen die Wirkung haben und auch wieder nicht, sie wollen aufhören und auch wieder nicht, sie wollen Nähe und Zuwendung und gehen gleichzeitig auf Distanz, sie wollen Hilfe und doch alleine klar kommen, sie wollen vertrauen können und dennoch ihr Misstrauen behalten, sie wollen Vertrauen ernten und trauen sich selbst kaum. Diese Zwickmühle ist noch bedrückender als es sich anhört. Denn sie lässt kaum Raum für Klarheit und verhindert Entscheidungen. Sie ist nicht immer gleich stark, sie variiert, sie ist immer dann besonders stark spürbar, wenn der Substanzspiegel weit genug gesunken ist, verschwindet auf wunderbare Weise bei dessen Ansteigen und nährt so das Verlangen nach dem bevorzugten Stoff.

Es ist wichtig, die Ambivalenz im Auge zu behalten, wenn man mit einem Substanz konsumierenden oder abhängig kranken Menschen zu tun hat. Sonst ist man beispielsweise leicht geneigt, Aussagen als Betrug, als Lüge, als Verarschung, mindestens als gepflegten Selbstbetrug zu werten, obwohl der Betreffende nichts anderes tut, als diesen - seinen - Anteil zu sehen und zu formulieren.

Deshalb ist Ambivalenz erfreulicherweise nicht nur negativ: sie bietet dem Therapeuten mit ihrem gesunden Anteil eine Möglichkeit, ressourcenorientiert zu arbeiten. Das erst versetzt uns in die Lage, die klassische und weit verbreitete Defizitmethode[3] zu verlassen, die Stärken des Menschen zu nutzen und damit eine sinnvolle, effiziente, Erfolg versprechende und den Hilfe Suchenden annehmende Herangehensweise zu verwirklichen - sehr ökonomisch also.

Der „innere Schweinehund"

Ein gern genommenes Bild. Ähnlich oft wird mit dem „Engelchen" und dem „Teufelchen" gearbeitet. Das sind Metaphern, die die Meisten gut verstehen. Sie sollen verdeutlichen, dass wir Menschen auch negative Anteile in uns haben. Anteile, die uns nicht gut tun, die uns zu Dingen verführen, die wir eigentlich nicht tun sollten.

Mit diesen Bildern arbeiten wir nicht. Auch das will ich gern begründen.

„Sie müssen Ihren inneren Schweinehund bekämpfen und am besten besiegen." meinen viele Therapeuten und in der Folge auch viele abhängig kranke Menschen. Analog soll das Engelchen über das innere Teufelchen siegen.

Hört sich gut an, ist es aber nicht.

Als ich meine Stelle als Chefarzt antrat, stand am Eingang der Klinik auf einem kleinen Podest ein Stein, in den war eingraviert: „Sich selbst zu bekriegen ist der schwerste Krieg, sich selbst zu besiegen ist der schönste Sieg." So eine Art Motto der Klinik.
Nach einiger Zeit stand er nicht mehr da. Aber nicht, weil ich es ange-

---

[3] Defizitmethode heißt, der Focus wird auf das gelegt, was bei einem Menschen nicht normgerecht funktioniert, wo er Mängel hat, unreif ist, wo nicht adäquate Reaktionsmuster gesehen werden. Verkürzt gesagt, besteht die therapeutische Intervention bei dieser Strategie in dem Versuch der Reparatur, Nachbesserung und Nachreifung, wie es so schön heißt.

ordnet hätte, sondern ich habe mit meinen Mitarbeitern einfach etwas diskutiert:

Wenn du gegen dich Krieg führst, wenn du gegen dich kämpfst, wer kann nur verlieren?
Richtig: du selbst.

Aber niemand verliert gerne, niemand wird gerne besiegt. Das ist ein höchst unangenehmes Gefühl. Niederlagen verzeiht man nicht gerne, auch nicht sich selbst. Und in der Regel schafft man sich mit einem Sieg jede Menge alter und neuer Feinde.

Und noch etwas: In einem Krieg gibt es jede Menge Verluste, in einem Krieg gibt es keine Gewinner (außer der Rüstungsindustrie), sondern nur Verlierer. Wir sollten uns sehr gut überlegen, ob wir solche Metapher benutzen.

Was denn dann? Gibt es eine Alternative? Es wird doch immer wieder dazu aufgefordert, den Kampf gegen die Krankheit aufzunehmen?!

Kämpfen als solches ist völlig in Ordnung, manchmal muss man eben kämpfen. Einfach untergehen, sich kampflos dem Schicksal ergeben, das ist oft nicht das, was einen weiterbringt.
Es ist aber ein feiner und entscheidender Unterschied, ob ich zum Beispiel den inneren Schweinehund bekämpfe oder mir anschaue, welche guten und wichtigen und gesund machenden positiven Anteile in mir stecken. Der Focus, die Aufmerksamkeits- und Tätigkeitsrichtung und die Bedeutung verändern sich dadurch. Den inneren Schweinehund lasse ich einfach links liegen und widme mich den wirklich wichtigen Dingen: meinen Stärken und meinen gesunden Anteilen. Ich schließe Freundschaft mit mir, mache Frieden mit mir - auch der längste Krieg endet mit einem Frieden, wie wir wissen. Und um Freundschaft und Liebe zu kämpfen, das lohnt allemal.

Das Wunderbare dabei: es gibt kein *gegen*, sondern ein *für*, es gibt keine Toten.

Und noch etwas ist wichtig: solche Denkbilder wie der „innere Schweinehund" verschieben unsere Perspektive. Sie verleiten uns dazu, die verantwortliche Substanz aus den Augen zu verlieren und so zu tun, als müssten wir nur vernünftig handeln, um wieder gesund zu werden.

Dass vernünftiges, kluges und umsichtiges Handeln, eigenverant-wortliches und vielleicht überhaupt verantwortliches Handeln durch die konsumierte Substanz ja gerade verhindert wird, das wird dann schnell vergessen. Der Zwang der Substanz, deren pharmakologische Macht, spielen dann keine Rolle mehr und der Mensch muss dann eigentlich nur noch vernünftig sein und mit dem Mist aufhören…also genau das, was einem abhängig Kranken und jedem Kranken ver-wehrt ist: mit Krankheit einfach mal so eben aufhören (siehe weiter oben).

„Intrinsische Motivation"

Bei dieser Art der Arbeit könnte gleich eine weitere sehr verbreite-te, tradierte Ansicht renoviert werden. Sie lautet: der Hilfe Suchende muss intrinsisch motiviert sein, also aus *tiefer innerer Überzeugung* mit festem Willen etwas für sich persönlich tun wollen. Vielfach wird der Versuch unternommen, diese Motivation abzuprüfen: mit Zu-gangsvoraussetzungen zu Therapieangeboten, zeitlichen und bürokra-tischen Hürden, geschickten Fragestellungen oder gar der Auflage, bis zum Therapiebeginn keinen Stoff mehr zu konsumieren.

Ganz ehrlich: dieser 100%-Motivations-Typ ist mir noch nicht un-tergekommen. Geht eigentlich auch gar nicht, schon wegen der Am-bivalenz. Und wenn man sich die tollen Wirkungen verschiedener Substanzen ansieht, erschließt sich mir auch nicht so recht, wieso jemand diese so angenehm empfundenen Wirkungen aus tiefster Seele zum Teufel wünschen sollte. Nein, in meiner doch ziemlich langen Erfahrung mit Substanz konsumierenden und abhängig kranken Menschen habe ich eigentlich immer nur wirksame *äußere* Einflüsse gesehen: meckernde Eltern, unzufriedene Partner, spöttelnde Kollegen, sich zurückziehende Kinder und Freunde, oder drohende berufliche, straßenverkehrstechnische oder juristische Komplikationen - das waren die Antriebe, es vielleicht mal mit etwas anderem zu versuchen. Zusammen mit der Nutzung von Ambivalenz und Ressourcen ist das aber eine absolut gesunde und tragfähige Ausgangslage, finde ich.

Und es ist notwendig, dringend notwendig und geboten, alle Möglichkeiten zu nutzen, mit einem abhängig kranken Menschen in Kontakt zu kommen und zu helfen. Denn alle Krankheiten ziehen nicht nur den Betroffenen selbst, sondern stets auch in höchst unterschiedlichem Umfang sein Umfeld in Mitleidenschaft. Die Abhängigkeitserkrankung macht das in besonders hartnäckiger und leider auch nachhaltiger Art und Weise. Tina Franken gewährt uns hierzu in ihrem Beitrag bedrückende Einblicke in das Leben Angehöriger eines alkoholkranken Familienvaters.

„co-abhängig"

Bevor Sie vielleicht jetzt gleich zu Tina Frankens Beitrag weiter· blättern, möchte ich noch einen Begriff klären, der Angehörigen von abhängig kranken Menschen gerne um die Ohren gehauen wird: Co-Abhängigkeit. Vielleicht ahnen Sie es schon: wir benutzen weder diesen Begriff, noch die dahinter liegende Sichtweise, weil wir sie für eine Unverschämtheit halten, die zudem jeder fachlichen Grundlage entbehrt. Das will ich gern erläutern.

Abhängigkeit, so haben wir gesehen, ist eine schwere chronisch-rezidivierende Erkrankung. Solche Erkrankungen fordern die Umgebung des Erkrankten ohnehin in besonderer Weise. Abhängig Kranke verstehen es regelmäßig, ihre Nächsten in das Krankheitsgeschehen einzubinden. Partner, Kinder, Verwandte und Freunde tun dann alles Menschenmögliche, um die Symptome zu lindern, dem Kranken zu helfen, wo sie nur können. Dabei werden sie oft genug an ihre Grenzen geführt, manchmal auch darüber hinaus, werden verarscht, angelogen, bestohlen, um ihr Mitleid betrogen - und bleiben doch immer nah dran, lassen sich nicht abschrecken, helfen und kümmern sich. Selbstlos, engagiert, jederzeit für den Kranken da. Sie sind ein Vorbild an Mitmenschlichkeit. Sich um andere kümmern, zum anderen halten, ihn nicht fallen lassen, auch wenn es weh tut - das sind Qualitäten, die wir im Alltag allzu oft vermissen.

Krank. Du bist krank. Das bekommt derjenige zu hören, der sich kümmert und den die Krankheit des Partners, des Elternteils, des Verwandten oder Freundes bekümmert. Da hilft einer mal nach bestem Wissen und Gewissen und dann das: krank. Du bist schwer krank, weil du das tust. Denn Abhängigkeit ist eine schwere Erkrankung und also ist Co-Abhängigkeit auch eine, schlägt zumindest in dieselbe Kerbe.

Was erlauben wir uns da eigentlich?

Natürlich macht man Fehler, natürlich ist nicht alles, was auf den ersten Blick gut aussieht, auch gut für den abhängig Kranken. Aber das ist normal, selbst Fachleute irren oft genug angesichts der Abhängigkeitserkrankung und haben gewaltige Schwierigkeiten mit einer adäquaten Therapie - die so genannte Rückfallquote spricht Bände.

Wo bleibt die Wertschätzung für die menschliche Leistung der Helfenden, selbst dann, wenn sie irren?

Wo bleibt die Anerkennung und bitte auch die Entlastung, wenn der abhängig Kranke die Grenzen mal wieder krankheitsbedingt überschreitet?

Statt dessen definieren wir den Helfenden selbst als krank. Das ist sachlich falsch und menschlich mies.

1.2. Substanzen

Schauen wir uns kurz einmal typische Vertreter unterschiedlicher Substanzklassen an. Und beginnen mit einem Nebenthema, das es in den letzten Jahren immer wieder mal in die Schlagzeilen geschafft und auch in einem Fall unserer Arbeit eine Rolle gespielt hat (Das Beispiel „Andrea", s. S. 103): Neuroenhancer. Sie bieten darüber hinaus auch Gelegenheit, einige wesentliche allgemeine Merkmale eines Substanzkonsums zu beleuchten.

Substanzen, die „Gas geben"

In diese Kategorie gehören die erwähnten Neuroenhancer (teilweise), antriebsteigernde Medikamente und illegale Substanzen wie Amphetamine, Ecstasy und Kokain.

Neuroenhancer

„Neuroenhancer" ist eine Sammelbezeichnung unterschiedlicher Substanzen mit unterschiedlichen Wirkprofilen. Unter „Neuroenhancer" werden gewöhnlich Substanzen verstanden, die zu einer (vermeintlichen) Leistungssteigerung eingenommen werden, in erster Linie im beruflichen und im Lernumfeld (Schule, Universität). So werden meist an erster Stelle rezeptpflichtige Medikamente wie Ritalin und Verwandte genannt, aber auch illegale Substanzen wie Amphetamine und Kokain.

Im Prinzip sollen diese Mittel es schaffen, den Menschen leistungsfähiger zu machen, widerstandsfähiger gegen Stress, ihn über seine individuellen natürlichen Grenzen hinaus in die Lage versetzen, Dinge zu tun, die er ohne Substanz nicht hätte tun können.

Ein verführerischer Gedanke: Gehirnboost, um die Möglichkeiten des Menschen zu erweitern, seine natürlichen Grenzen zu sprengen.

Im Oktober 2009 verfassten sieben deutsche („führende") Wissenschaftler ein Memorandum zum Thema Neuroenhancer[4]: "Wir vertreten die Ansicht, dass es keine überzeugenden grundsätzlichen Einwände gegen eine pharmazeutische Verbesserung des Gehirns oder der Psyche gibt. [...] Es gibt gute Gründe, das offenbar schon heute vorhandene Bedürfnis nach pharmakologischer Unterstützung der Psyche zu enttabuisieren: Pharmaunternehmen müssten gesunde Menschen nicht länger krankreden, um deren Bedürfnis nach NEPs[5] bedienen zu dürfen. Enhancement-Interessenten müssten sich umgekehrt nicht länger krank stellen, Ärzte nicht länger so tun, als würden sie Störungen behandeln, wenn sie NEPs einsetzen."

Zwar stellte man unerwünschte Nebenwirkungen nicht in Abrede, aber insgesamt, so der vermittelte Eindruck, spräche im Grunde nichts dagegen, die Manipulierbarkeit des Gehirns gesunder Menschen durch die Entwicklung und Verabreichung bestimmter Substanzen zu nutzen.

Weil das hier kein nüchternes Sachbuch ist, sondern auch höchstpersönliche Meinungen und Ansichten wiedergibt, darf ich das sagen: auch Professoren können dummes Zeug reden.

Einige Aspekte dazu:

- es gibt, wohl auf absehbare Zeit jedenfalls, keine nebenwirkungsfreien Medikamente/Substanzen. Selbst Zucker-Stärkepastillen in Tablettenform (Placebos, also Scheinmedikamente, die keinen Wirkstoff enthalten) können positive und negative Wirkungen im Menschen entfalten.

---

[4] Spektrum der Wissenschaft, Gehirn & Geist 11/2009

[5] NEP = Neuro-Enhancement-Präparate

- ist eine Wirksubstanz enthalten, dürfte (ebenfalls auf absehbare Zeit) das gelten, was heute für alle psychotropen[6] Substanzen gilt: Niemand, weder der Hersteller noch die Wissenschaft, wissen 100%ig, wie genau und weshalb der einzelne Wirkstoff im jeweiligen Menschen (weiblich, männlich, alt, jung) funktioniert und wie er sich unter verschiedenen Bedingungen verhält. Beispielsweise, wenn der Konsument weitere Substanzen einnimmt (wegen Kopfschmerzen, Magendrücken u.v.a.), Alkohol trinkt, raucht, die Monatsblutung einsetzt, wie die Substanz sich verhält, wenn der Mensch krank ist, z.B. Diabetiker, Rheumatiker, unter einem Magen-Darm-Problem leidet oder auch nur einen akuten Schnupfen bekommt, sein Körper deshalb auf Immunabwehr umschaltet und Entzündungszellen bestimmte Regionen fluten, ob die Sonneneinstrahlung im Urlaub etwas verändert oder die Kälte im Winter. Und welche Rolle die Ernährung im Einzelnen spielt, die bakterielle Besiedlung des Darms, eine Virusinfektion. Die Liste ließe sich sehr lang fortsetzen...

- ist eine Wirksubstanz enthalten, steigt mit der Dosis und der Dauer der Einnahme auch die Wahrscheinlichkeit unerwünschter Wirkungen. Und die können bei den heute bekannten Substanzen von gering bis dauerhaft erheblich psychisch verändernd, von geringfügigen Blutdruckveränderungen bis zu folgenreichen chronischen organischen Erkrankungen reichen und Todesfälle sind ebenfalls keineswegs ausgeschlossen.

Nicht nur für Neuroenhancer wichtig

Bei der Beurteilung der Sinnhaftigkeit des Einsatzes psychotroper Substanzen scheinen mir drei weitere Aspekte wichtig: Der Begriff

---

[6] Psychotrope (auch psychoaktive) Substanz: chemischer Wirkstoff, der in erster Linie die menschliche Psyche beeinflussen soll. Es ist bekannt, dass psychotrope Substanzen immer auch körperliche Wirkungen entfalten, meist unerwünschte.

„Leistungssteigerung" (Neuroenhancer, Kokain, Amphetamine u.a.), die Wirkdauer und der Mensch als solcher.

a) Was soll an Leistungssteigerung schlecht oder falsch sein?

Nichts. Aber der Begriff ist falsch. Er suggeriert, dass man mit Hilfe chemischer Substanzen sein Hirn, seine Leistungsfähigkeit und damit das Ergebnis seiner Arbeit steigern könnte, mindestens vorübergehend, möglicherweise auch dauerhaft.
Derartige Substanzen werden immer dann eingesetzt, wenn der Betreffende einen Grund dafür sieht. Gründe sind regelmäßig Leistungsanforderungen (die momentan nicht oder nur mit erheblichem Aufwand zu erfüllen sind), Leistungsminderung (aus welchem Grund auch immer), Leistungsverdichtung, Stress, (drohender) Burnout und einiges Andere. Immer aber steckt dahinter mindestens die Vermutung oder die Überzeugung des Betroffenen oder auch das tatsächliche Faktum, dass er den augenblicklichen Anforderungen nicht entsprechen könne bzw. kann. Heißt: das Leistungsvermögen reicht nicht aus. Und - genau wie im Sport-Doping - wird jetzt nach Mitteln gesucht, dieses Manko zu überdecken, das tatsächliche Leistungsniveau zu vertuschen und ein falsches zu präsentieren.
Leistungsverfälschung ist deshalb der richtige Begriff. Und erst dann, wenn man den richtigen Begriff verwendet, sollte man sich entscheiden, ob man zu Doping-Mitteln greifen will oder nicht.

b) Wirkdauer

Unter dem Begriff „Wirkdauer" wird verstanden, wie lange eine Substanz im Menschen wirksam bleibt, sofern nicht „nachgelegt" wird.

Einige Beispiele: Crack wirkt wenige Minuten lang, Kokain ein bis höchstens zwei Stunden, Amphetamine vier bis sechs Stunden, Methamphetamin (Crystal-Meth) bis dreißig Stunden, Ritalin ein bis vier Stunden, so genannte Beruhigungsmittel wie Valium etc. haben höchst unterschiedliche Wirkzeiten (zwischen drei Stunden bis vierzehn Tage), manche Antidepressiva haben auch nach fünf bis sechs Wochen noch wirksame Blutspiegel. Diese Wirkdauer ist verständlicherweise nicht uninteressant:

Es gab einmal eine wunderbare Werbung für einen FIAT 500. Haben Sie vielleicht gesehen, lief eine Zeitlang im TV: Lange Zeit gab es dieses Automobil, vorgeblich ein Viersitzer, nur als Zweitürer, jetzt sollte mit diesem Werbespot auf die sozusagen aufgepimpte Variante mit vier Türen und echten vier Sitzen aufmerksam gemacht werden. Die Entwicklung dieses in allen Belangen größeren und imponierenderen Modells wurde mit südländischer Grandezza und herrlichem Augenzwinkern erläutert: ein nicht mehr ganz so junges Paar mochte sich der Liebe hingeben. Vorsichtshalber und mit froher Erwartung griff der Signore zu einer Packung Viagra, entnahm zwei Pillen - und verlor sie, am offenen Fenster stehend. Sie kullerten und kullerten über Dächer und durch Rinnen und - wie's der Zufall so will - endeten platschend im Einfüllstutzen eines gerade zu betankenden Fiat 500, konventionell, Zweitürer. Mit durchschlagender Wirkung: er wuchs vor den Augen des Zuschauers weit über sich hinaus, veränderte Form und Anzahl der Türen und fuhr als neuer potenter Viersitzer/Viertürer davon.

Der Spot hat nicht zuletzt wegen der sympathischen Schauspieler viel Beifall gefunden, aber er ist natürlich unrealistisch: die Formveränderung hält keineswegs für immer an. Ist der Wirkstoff abgebaut, schnurrt das Objekt auf Realmaß zurück.

Damit zu c), zum menschlichen Faktor.

So ein Mensch ist schon ein bemerkenswertes Gebilde. Fragen Sie mal einen Unfallchirurgen, was man so alles reparieren und zusammenflicken kann. Selbst Unvorstellbares wie Krieg oder Naturkatastrophen können überlebt werden, auch mit schwersten Verletzungen. Es bleiben Narben, physische und psychische, aber ein halbwegs „normales Leben" ist oft möglich, trotz extremer physikalischer Gewalteinwirkung.

Ganz anders, wenn es um Chemie geht. Selbst ein 20-jähriger durchtrainierter 100 kg Spitzenathlet kann von wenigen Milligramm Chemie kirre gemacht, in einen psychischen Ausnahmezustand versetzt oder komplett von den Beinen geholt werden. Oder auch umgebracht. Derart negative Erfahrungen machen keine Lust auf Wiederholung.

Aber Chemie kann auch anders: die selbe Substanz, die verrückt machen und töten kann, ist nicht selten auch die, die unbeschreibliches Wohlgefühl zu erzeugen in der Lage ist. Als Beispiele seien hier nur Heroin und Kokain genannt. Und wenn etwas höchst angenehm ist, mögen wir Menschen diesen Zustand gerne. Auch gerne wiederholen.

Mal angenommen, die Substanz, die wir konsumieren, hat keine oder nur eine geringe Potenz uns abhängig krank zu machen (Suchtpotenz), was bedeutet, dass wir mit unserem freien Willen entscheiden, wann und wieviel und wie oft wir davon Gebrauch machen. So lange sich Nebenwirkungen „in Grenzen" halten, das positive Erleben das Negative überragt, können wir ziemlich sicher damit rechnen, dass wir diese Substanz öfter konsumieren - was spräche dagegen? So kommt es, dass in rauen Mengen Schmerzmittel konsumiert werden, Magenberuhiger, Schnupfenhelfer, Fiebersenker, Schlafverbesserer. Alles und Jedes gibt's im Supermarkt, den Rest in der Arztpraxis.

In den USA wurden im letzten Drittel des letzten Jahrhunderts massenweise Antidepressiva Gesunden als Stimmungsverbesserer verschrieben, auch, nachdem man bemerkt hatte, dass das bisweilen zu unkontrollierbaren Gewaltausbrüchen mit Mord und Selbstmord führte. Und seit Anfang dieses Jahrhunderts schnellen dort durch die rezeptierte Opioid-Krise die Todeszahlen nach oben, mancherorts, so heißt es, fällt die Hälfte der Einwohner dem leichtsinnigen Verschreiben opiathaltiger Medikamente zum Opfer.

Nun ist Deutschland sicher nicht so ohne weiteres mit den USA vergleichbar. Aber auch hier sind Werbemechanismen und menschliche Eigenschaften nicht unbekannt und dazu gehört die Sehnsucht nach einem guten, komfortablen, angenehmen und inzwischen auch störungsarmen Leben. Und die steigenden Umsatzzahlen der (Psycho-)Pharmaindustrie wirken auch nicht wirklich beruhigend...

Zur Erinnerung: die Nebenwirkungsrate steigt mit der Dauer, der Dosis und der Häufigkeit der Einnahme einer Substanz.

Amphetamine

„Crystal-Meth" ist meist der erste Reflex, wenn man Amphetamine anspricht. Sicher nicht ganz zu Unrecht. Besonders in Deutschland. Wie weiter oben schon gesagt: die meisten der heute verbotenerweise konsumierten Substanzen sind Anfang des letzten Jahrhunderts entwickelt worden, nicht selten von deutschen Chemikern. So auch Crystal-Meth, das 1938 von den Temmler-Werken patentiert und Millionenfach an das deutsche Militär verkauft wurde. „Hitlers Panzerschokolade" wurde es genannt, Handelsname „Pervitin", das übrigens in den USA seit 1970 verboten ist, in Deutschland aber erst 1988 vom Markt genommen wurde.

Offizielle Verbote oder fehlende Marktzulassung haben mitunter allerdings wenig mit dem Konsumverhalten der Menschen zu tun.

Manchmal wird sogar auf höhere Weisung konsumiert:
Afghanistan, April 2002. Vier kanadische Soldaten kommen ums Leben, als ein amerikanisches F-16 Kampfflugzeug ihren Trupp bei einer Nachtübung zusammenbombt. Die Kanadier fanden das gar nicht lustig und wollten sich mit dem lapidaren „friendly fire" als Erklärung nicht zufrieden geben. Es kam zu einer Gerichtsverhandlung. Im Laufe dieser Verhandlung stellte sich heraus, dass amerikanische Kampfpiloten nicht fliegen dürfen, wenn sie kein Amphetamin genommen

haben. Diese Aussage wurde von einer Sprecherin des amerikanischen Verteidigungsministeriums umgehend dementiert: die Einnahme geschehe freiwillig.[7]

Was machen Amphetamine für das Militär so attraktiv? Und nicht nur für das Militär. Ganz einfach: das herausragende Wirkprofil. Und das sieht so aus:

„Normales" Amphetamin, Speed:

...beschleunigen Puls und Atmung, Unlustgefühle und Müdigkeit werden unterdrückt, vermindertes Schmerzempfinden, heben Stimmungslage bis hin zur Euphorie, gesteigerte Libido (besonders bei abklingender Wirkung, für den Militäreinsatz weniger wünschenswert), Aggressivität und »Wagemut« steigen, wirken bei Ermüdeten besser als bei Hellwachen, Denktätigkeit wird beschleunigt.
Ein wichtiger Unterscheidungspunkt zu Crystal-Meth: Die Wirkdauer beträgt zwischen 4 bis 6, manchmal bis zu 8 Stunden.

Methamphetamin, Crystal-Meth:

....wie bei Amphetamin, zusätzlich, bzw. verstärkt: Müdigkeit und auch Angstgefühle werden deutlich gemindert, Durst und Hunger nehmen ab, das Schmerzempfinden wird gedämpft, dafür wird die Stimmungslage deutlich erhöht, bis hin zur Euphorie. Weniger für den militärischen Einsatz geeignet: Libido und vor allem sexuelles Verlangen werden gesteigert. Wirkdauer: 8 bis 20, oft bis zu 30 Stunden! 30 Stunden Dauervollgas!

Blicken wir also angesichts dieses Wirkangebotes zurück auf das, was nachgewiesen und zugegeben wurde: im zweiten Weltkrieg stehen nicht nur die deutschen Soldaten unter Stoff, auch Briten, Amerikaner und Japaner ziehen mit der Pille in den Kampf.

---

[7] vergl. SPIEGEL online, 03. Januar 2003 und news.doccheck.com/de vom 21. Oktober 2013

200 Millionen Einheiten Amphetamine, so heißt es, werden im Vietnam-Krieg allein an die amerikanischen Soldaten verteilt.
Im Afghanistan-Krieg sind es dann nicht mehr nur Amphetamine, sondern zunehmend auch Antidepressiva, vornehmlich Prozac, die von den Soldaten geschluckt werden.[8]

Das Wirkangebot ist natürlich irgendwie berauschend und durchaus verführerisch, zumal in der heutigen Leistungsgesellschaft. Allerdings hat jede Medaille auch eine Kehrseite. Sie zu kennen ist nützlich, überzeugt aber ganz offensichtlich längst nicht jeden Interessenten: der Konsum von Amphetaminen nimmt in Amerika, Afrika und Europa stetig zu[9].   In Deutschland steigt der Konsum wieder, nach einer kurzen Phase geringeren Konsums zwischen 2010 bis 2015[10]. Anmerkung: die Statistiken sind etwas unübersichtlich, weil manche Amphetamine, Methamphetamin und Ecstasy getrennt erfassen, andere subsumieren sie unter der Stoffklasse „Amphetamine", wieder andere lassen Ecstasy außen vor.

Nun aber zur Kehrseite - und die hat es durchaus in sich.
Vorab: je öfter jemand konsumiert und je höher die Dosierung, desto eher treten die Nebenwirkungen auf und umso gravierender sind sie. Und: Bei Crystal-Meth treten die Nebenwirkungen früher, nachhaltiger und schwerer auf, zusätzlich hat Methamphetamin eine ganz erhebliche Potenz, abhängig krank zu machen. Noch ein Hinweis an das Militär: Die Halbwertszeit von Amphetaminen hält sich nur selten an die Einsatz- und Kampfzeiten der Soldaten, also muss „nachgelegt" werden und dann kommt man sehr schnell in den ungesunden Bereich der Überforderung von Körper und Psyche. Passiert das mit Me-

---

[8] vergl. WIRTSCHAFTSWOCHE, „Koks für die Welt" vom 27. Februar 2017

[9] https://de.statista.com/statistik/daten/studie/37249/umfrage/konsumenten-von-amphetaminen-weltweit/ 17.09.2018

[10] vergl. T. Pfeiffer-Gerschel, Vortrag: „Drogensituation in Bayern, Deutschland und Europa", Regensburg März 2017

thamphetamin ist das Durchdrehen vorprogrammiert, soviel Vollgas hält kein Mensch aus.

Nebenwirkungen

Kurzfristig auftretende Nebenwirkungen mehrfachen Konsums: Zittern, Unruhe, Nervosität, Schlafstörungen, Konzentrationsstörungen, eingeschränktes Kurzzeitgedächtnis, „Kau-Flash" (=Aktivierung der Kaumuskulatur, Zähneknirschen), Herzrhythmusstörungen, Kopf- und Muskelschmerzen, planlose muskuläre Aktivität.

Mittel- und langfristig auftretende Nebenwirkungen: starker Gewichtsverlust (deshalb waren Amphetamine auch mal als „Schlankmacher" auf dem Markt), Schädigung Immunsystem (Infektanfälligkeit), Hautentzündungen (Pickel), Schädigung Magenschleimhaut (Magenschmerzen, Magendurchbruch), Nierenschäden, Organschäden/Organblutungen, Herzrhythmusstörungen, Zahnausfall, Herzschäden, ständige Unruhe, aggressives Verhalten, demenzähnliche Gedächtnisstörungen, Aufmerksamkeits- und Konzentrationsstörungen, Anhedonie (Verlust der Fähigkeit, Freude und Lust zu empfinden), Antriebslosigkeit, Angsterkrankungen, Depressionen, Halluzinationen, Paranoia, Psychosen, und mit andauerndem Konsum steigt das Risiko von Schlaganfällen...

Auch zu beachten: Die Kombination mit Alkohol kann fatal enden, weil die Alkoholwirkung verschleiert wird und man mehr trinkt, als einem gut tut - bis hin zur Alkoholvergiftung.

Ecstasy

Zur Klasse der Amphetamine zählt auch das Ecstasy. Die wenigen Änderungen am Molekül verursachen allerdings ein etwas anderes Wirkprofil.
Ecstasy nehme ich in Seminaren zu den Themen Sucht und Akupunktur gerne als Beispiel, weshalb der stets gut gemeinte Rat älterer Herrschaften, besonders an Jugendliche und junge Erwachsene:

„Musst du nicht tun, ist nicht gut für dich", den Ratgeber als unwissenden Dödel outet.

Lassen Sie jetzt die Ecstasy-Wirkungen einmal genüsslich Ihre Hirnwindungen streicheln und fragen Sie sich ehrlich: Mensch, das hättest du doch auch gerne mal?

Das macht Ecstasy:
- Steigerung der körperlichen Leistungsfähigkeit,
- Herabsetzung des Schlafbedürfnisses,
- Sinnenreize werden verstärkt und als besonders schön erlebt,
- Kontaktbedürfnis und Kontaktfähigkeit werden erhöht,
- die Kommunikationsbereitschaft (und die Kommunikationsfähigkeit) steigt,
- Gemeinschaftsgefühl wird verstärkt,
- Ausgeprägtes Gefühl von Vertrautheit und Intimität („Herzöffner"),
- ausgeprägte Gesprächsbereitschaft.

Na?!

Bevor wir jetzt gemeinerweise zu den Wirkungen kommen, die einem den ganzen Spaß versauen können, noch ein kleines Wirtschaftspolitikum.

Die Niederlande gelten vielen Deutschen als vorbildlicher Staat und das Mekka einer gelungenen Drogenpolitik. Sehe ich nicht so.

„Zu den Gepflogenheiten in der Residenzstadt Den Haag gehört es, scheidenden Botschaftern Abschiedsinterviews zu gewähren. Darin erzählen sie, was sie vom Gastland halten. Während der sich in die Pension verabschiedende deutsche Botschafter nichts zu bemängeln hatte, machte die amerikanische Botschafterin aus ihrem Herzen keine Mördergrube. Cynthia Schneider war nicht nur erstaunt darüber, dass Ausländer in Holland nicht integriert seien, Minderheiten keine Aussicht auf Karriere hätten, die Dienstleistungen sie an die alte Sowjetunion erinnerten, sondern vor allem darüber, warum das kleine

Land Marktführer in der Produktion von Ecstasy-Tabletten ist. Die Botschafterin: „Wenn man Drogen frei gibt, muss man sich nicht über das schlechte Image in der Welt beklagen. Überall fragen sie erstaunt, warum Niederländer so viel Drogen nehmen." 80 Prozent aller Ecstasy-Tabletten, so Schneider, würden in den Niederlanden produziert."[11]

Daran hat sich offensichtlich nichts geändert: „Die Niederlande liegen, was den Umfang des Geschäfts angeht, weit höher als bisher veranschlagt, an der Weltspitze. Demnach wurden im Jahr 2017 knapp eine Milliarde Ecstasy-Pillen (MDMA) und mehr als 600 Tonnen Speed (Amphetamine) hergestellt, die auf der Straße 18,9 Milliarden Euro einbrachten. Das übertrifft den Jahresumsatz eines Großkonzerns wie Philips und erreicht fast Air France-KLM. Neun Milliarden Euro entfallen auf MDMA, was doch ein bisschen mehr ist als die 160 Millionen, die das "Central Bureau voor de Statistiek" für 2015 errechnet hatte. Die Schätzung im Akademie-Bericht beruht vor allem auf entdeckten Laboren und Treffern von Zollbeamten, die hochgerechnet wurden. Die Annahmen seien sehr vorsichtig, betonen die vier Autoren von der Uni Limburg. Der wahre Wert liege wohl weit höher. Mindestens 80 Prozent der Ware werde exportiert."[12]

Geschäfte werden wohl überall gemacht, lukrative allemal, und dann ist es egal, wie es dem Konsumenten geht.

Das sind die kurzfristig auftretenden *Ecstasy-Nebenwirkungen*:

Zunächst zeigt die akute Ecstasy-Wirkung Anzeichen eines deutlich erhöhten Sympathicustonus, der Körper «gibt Gas»: der Blutdruck ist erhöht, das Herz schlägt schneller. Oft gerät es auch leicht aus dem Takt und ein wenig ins Stolpern («kardiale Arrhythmien» sagt der Mediziner dazu). Nichts sonderlich Ernstes - solange es nicht zu heftig

---

[11] Strauß, Karsten: „Oops!?", BOD Norderstedt 2007, S. 103

[12] Süddeutsche Zeitung, Bericht zum Drogenhandel in den Niederlanden, 27. August 2018

wird - aber es kann den Betreffenden schon etwas erschrecken. Dazu kommt eine gewisse Muskelanspannung, die auch bestimmte Brustmuskeln betreffen kann. Ein Gefühl ähnlich einem Herzanfall kann daraus resultieren (Angina-pectoris-ähnlich), auch nicht unbedingt etwas, das man sich sehnlichst wünscht.

Es gibt ihn natürlich nicht, den typischen Ecstasy-Konsumenten, aber zur Erläuterung einer wichtigen Nebenwirkung des Ecstasy-Konsums nehmen wir ihn trotzdem einfach mal (Techno-Szene, Party, Wochenende): Für diesen «Typischen» ist Party angesagt, von Freitagnacht bis Montagmorgen, Tanzen ohne Ende. Dieser Mensch besteht nun einmal - wie alle Menschen - zum größten Teil aus Wasser, sechzig Prozent des Körpergewichts, um genau zu sein. Dieses Wasser ist unterschiedlich in den einzelnen «Abteilungen» des Körpers verteilt. Innerhalb der Körperzellen befindet sich das weitaus Meiste, ein Achtzig-Kilo-Mensch schleppt fast 32 Kilogramm Wasser in den vielen Milliarden Zellen des Körpers mit sich herum, im Blut dagegen sind nur rund vier Kilogramm. Die einzelnen Abteilungen brauchen ihr Wasser, es ist für viele Vorgänge buchstäblich lebensnotwendig. Trotzdem ist der Körper sehr kooperativ: Fehlt irgendwo etwas, helfen andere Abteilungen aus.

Wer tanzt, arbeitet. Tanzen bedeutet Muskelarbeit und Muskelarbeit bedeutet Wärme. Zuviel Wärme schadet dem Körper, er braucht eine bestimmte Temperatur, um optimal zu arbeiten.
Wer tanzt, schwitzt. Schwitzen ist die «Wasserkühlung» des Körpers. Schwitzen bedeutet deshalb Wasserverlust. Je nach Heftigkeit können da in kurzer Zeit gut und gerne zwei Liter zusammenkommen. Zuviel für das Blut, es würde zu dickflüssig. Flüssigkeit muss her - Durst ist das entsprechende Signal für den Menschen. Ecstasy blockiert dieses Signal.

Das hat drei Folgen:

Erstens greift der Körper in seiner Not auf das Wasser innerhalb der Körperzellen zurück, wo auch sonst sollte er das dringend benötigte Nass herholen. Das geht aber nur in ganz engen Grenzen, weil eine Zelle winzig klein ist und schon eine klitzekleine Menge Wasserverlust den Notstand bedeutet. Notstand in einer Zelle bedeutet, dass Funktionen nicht mehr ordnungsgemäß ablaufen können, eingeschränkt werden müssen oder gar zum erliegen kommen können.

Zweitens wird der Kühlkreislauf des Körpers unterbrochen, nicht nur bei Motoren und Atomkraftwerken eine gefürchtete Situation. Die Körpertemperatur kann auf 40° bis 43° C ansteigen. Das ist zu viel.

Drittens bedeutet der Wasserverlust und die Umverteilung des Wassers in die Haut einen Druckabfall im Kreislaufsystem: der Blutdruck sinkt. Die Druckumlaufpumpe (unser Herz) versucht, die fehlende Menge durch eine höhere Schlagfrequenz auszugleichen: der Puls rast. Auch für das beste aller Herzen gibt es selbstverständlich natürliche Grenzen der Belastung.

Summa summarum: Der Notarzt ist angesagt. Kommt er zu spät, gehört der Konsument zu den inzwischen weit über Zehntausend Ecstasy-Opfern, die an Flüssigkeitsmangel gestorben sind.

Und dann gibt es noch die *Nachwirkungen*. Sie sind - zumindest können es sein - von der sehr üblen Sorte.

Teil 1: Wie wir alle wissen, hat unser Körper viele verschiedene Funktionen zu bieten: die Hände können halten, mit den Füßen können wir laufen, die Leber entgiftet, die Nieren scheiden aus, die Lungen haben etwas mit der Atmung zu tun und das Gehirn wird gelegentlich sogar zum Denken genutzt, um nur ein paar wenige zu nennen. Die verschiedenen Systeme arbeiten aber nicht stumpfsinnig für sich alleine, sondern sind miteinander verbunden, sie kommunizieren miteinander, zum Beispiel, um ihre Funktionen aufeinander abzustimmen.
Das gleiche passiert auch innerhalb von Organsystemen. Auch dort

gibt es Abteilungen, die bestimmte Aufgaben erfüllen. Das Gehirn hat sehr viele Abteilungen, beispielsweise solche zum Sehen, zum Hören, für die Sprache, für die Bewegung von Muskeln und so weiter. Jede einzelne Abteilung braucht die Kommunikation mit anderen Abteilungen, damit kein Chaos entsteht. Die Kommunikation erfolgt entweder über «Telefon-drähte» (Nerven) oder eben über Boten (chemische Substanzen, Botenstoffe). Bestimmte Boten überbringen bestimmte Botschaften. Kommen die Boten nicht, bleiben die Botschaften aus und die Abteilung ist womöglich traurig.

Genau das passiert auch im Gehirn: Serotonin zum Beispiel gilt unter anderem als ein Bote für das Gefühl: «Es geht mir gut, ich fühle mich wohl, ich bin nicht ängstlich und weil es mir gut geht, kann ich auch gut schlafen.» Fehlt dieser Bote oder kommt er nur noch ab und zu mal vorbei, entsteht folglich das Gefühl: «Es geht mir gar nicht gut, ich bin ohne ersichtlichen Grund tieftraurig (Depressionen); ich habe schreckliche Angst, obwohl ich eigentlich weiß, dass ich keine zu haben brauche (Angstzustände); ich kann nicht mehr schlafen (massive Schlafstörungen).»

Deshalb ist sowohl das Vorhandensein von Botenstoffen als auch deren richtige und ausbalancierte Menge entscheidend wichtig für die Funktion und die Gesundheit des Körpers, Geistes und der Psyche, des ganzen Menschen also.

Ecstasy stört nicht nur einfach die Kommunikation der Botenstoffe, sondern verändert die Produktion der Botenstoffe Serotonin und Dopamin langfristig und nachhaltig: diejenigen Nervenzellen, die Serotonin herstellen, werden nach und nach beschädigt und zerstört. Sie können ihre Funktion nicht mehr erfüllen. Gleichzeitig wird die Herstellung von Dopamin erhöht. Die Folge ist ein erhebliches Ungleichgewicht dieser beiden Botenstoffe. Damit verändern sich auch die Botschaften, die im Gehirn ausgetauscht werden. Die Folgen dieser langfristigen neurochemischen Veränderungen sind massive Schlafstörungen, Depressionen, Angstzustände und Psychosen.

Teil 2: Natürlich ist die veränderte Wahrnehmung unter Ecstasy eben eine *veränderte* Wahrnehmung. Da unterscheidet sich diese Substanz nicht von anderen. Die Stimmungslage ist aber deutlich labiler. Sie reagiert empfindlicher auf das Sinken des Wirkspiegels als beispielsweise bei Kokain. Für alltägliche wichtige und unwichtige Entscheidungen bedeutet das: die Informationsverarbeitung und -bewertung gleicht einem Zick-Zack-Kurs. Sinnvolle Entscheidungen sind dann zufällig. Flugzeugführer, Kapitäne von Tankern, Wirtschafts-, Banken- oder Staatenlenker können zu Entscheidungen kommen, über die die Umwelt nur verständnislos den Kopf schüttelt. So etwas soll ja schon mal vorgekommen sein.

Kokain

Noch verbreiteter als Ecstasy ist Kokain. Diese Einschätzung ist sogar einmal wissenschaftlich ziemlich zuverlässig, weil sie auf exakten Messungen beruht und nicht auf Umfragen und Interviews.

Seit einer Reihe von Jahren gibt es Verfahren, die es ermöglichen, bestimmte Abbau-/Ausscheidungsprodukte von Drogen in Flüssen und Abwässern zu messen. Das wird inzwischen regelmäßig in einer Vielzahl von Städten gemacht.[13] Auf dem Weg vom Konsumenten zu den Probeentnahmestellen treten natürlich Abbau- und Verdünnungseffekte auf, sodass man sagen darf: es wird noch sehr viel mehr gekokst, als die Untersuchungen bescheinigen.

Das trifft sich mit meinen persönlichen und den Erfahrungen vieler versierter Kollegen: Kokain ist die am meisten konsumierte illegale Substanz und in jedem Unternehmen auf fast jeder Hierarchiestufe heute anzutreffen. Das gilt für alle Industrie- und Wirtschaftszweige,

---

[13] vergl. dazu u.a. z.B. SPIEGELonline, „Berauschendes Flusswasser", 05.08.2005; „Die Spur des Kokain", WELT.de, 12.07.2008; SPIEGELonline „Verräterische Spuren im Abwasser", 29.05.2014 und SÜDDEUTSCHE.de „Koks im Kanal", 10.08.2018

für Banken und Börsen („Das Börsenparkett ist weiß", heißt es[14]) und selbstverständlich auch für den Gesundheits- und Sozialbereich. Und weder Fußballtrainer, Künstler, Ärzte, Radsportler, Juristen, Models, Journalisten oder Politiker bilden eine Ausnahme.

Wohl kaum eine Substanz hat solch eine Karriere hingelegt wie das Kokain.

Meistens wird es gesnieft (durch die Nase gezogen). Sie kennen das vielleicht aus coolen Filmen: auf einem Spiegel wird das weiße Pulver mit einer Rasierklinge gelockert und zu einem Streifen zusammen geschoben (Straße, Line). Eine lässig zu einer kleinen Röhre gedrehte Einhundert-Dollar-Note wird in ein Nasenloch gesteckt und so die Straße aufgesogen. Man sagt, in derartigen Film-Szenen werde das Kokain gar nicht gedoubelt...

Wahrscheinlich sprechen drei Faktoren für diesen grandiosen Siegeszug:
- das Wirkprofil
- der nachgebende Handelspreis
- die Hinterlistigkeit der Droge.

Kokain ist illegal und war verdammt teuer. Je nach Qualität und Anbieter kostete das gebrauchsfertige Gramm 100 bis 200 Euro. Heute darf man mit Preisen um die 60 Euro pro Gramm rechnen, inclusive Hauslieferung. Ein „normaler" Konsument macht daraus drei bis vier Lines. Die Versorgungslage in Deutschland und Europa ist hervorragend, die Qualität schwankend, es kommt entscheidend auf den „seriösen" Dealer an.

Kokain war mal legal (im letzten Drittel des vorletzten Jahrhunderts), preiswert und tatsächlich wirtschaftlich verwertet als Mittel gegen Kopfschmerzen, Müdigkeit und Melancholie und hatte unter

---

[14] damit ist das weiße Kokain gemeint, „Schnee" ist ein weiterer Begriff für Kokain

anderem den Handelsnamen Coca-Cola, das allerdings nur bis zum Jahr 1914.

Als Lokalanästheticum (örtliche Betäubung) ist es noch heute zugelassen, wird aber eigentlich seit langem so gut wie nicht mehr verwendet.

Was bietet Kokain?

Jede Menge. Und davon reichlich. Zum Beispiel:

- allerbeste Gefühle, Ausgelassenheit, Euphorie (wobei es gar nicht darauf ankommt, ob der reale Gegenstand/das reale Geschehen derartig starke Reaktionen rechtfertigt);

- stark gesteigertes Selbstvertrauen (wobei es gar nicht darauf ankommt, ob sich dieses Selbstvertrauen auf zuverlässige Grundlagen stützen kann: die (Selbst)Kritikfähigkeit sinkt erheblich);

- körperliche und geistige Leistungsfähigkeit werden kurzfristig gesteigert. Das bedeutet auch, dass Stress durch Leistungsdruck seine Bedeutung verliert, weil Leistung auf einmal unerschöpflich scheint;

- Hemmungen und Ängste verschwinden,

- Risikobereitschaft und Aggressionspotenzial steigen, zum Teil erheblich (besonders das Aggressionspotenzial);

- natürlich steigen auch Puls und Blutdruck - und die sexuelle Lust,

- Koks macht geil. Das macht es auch als Partydroge sehr beliebt. Dazu an dieser Stelle noch ein Hinweis an die männlichen Konsumenten: die Potenz steigt nicht im gleichen Maße. Deshalb hat ein halbwegs kompetenter Dealer auch so etwas wie Viagra im Angebot...

Kokain ist nicht so eine Kuscheldroge wie Ecstasy, im Gegenteil steigt das Aggressionspotenzial, was im Leistungsgesellschaftsumfeld eher als Vorteil wahrgenommen wird. Darüber hinaus ist es (wegen der Wirkdauer von 30 Minuten bis eine, selten zwei Stunden) deutlich besser steuerbar als Ecstasy, dessen Wirkdauer bei sechs bis acht, mitunter auch bis zu zwölf Stunden liegt.

Allerdings beginnen sich jetzt die unangenehmen bis gefährlichen Seiten des Kokainkonsums zu zeigen:

- Kokain macht gierig.
  Mehr als jede andere Droge (ausgenommen Crack, ein Kokain-Abkömmling) schürt Kokain das Verlangen nach dem Stoff (Craving). Das Abhängigkeitspotenzial ist enorm hoch. Das bedeutet: es bleibt oft/meist nicht bei einer Line, es entsteht der so genannte „Wochenendfeierer". Mit wenigen Unterbrechungen wird Samstag und Sonntag durchgekokst, Manchmal schon ab Freitag, wenn der Job und das Geld es erlauben. Und dann braucht man etwas, um wieder „runterzukommen" vom Höhenflug: Alkohol und/oder Benzodiazepine (Valium, Tavor z.B.).

- Kokain hat fiese „Neben"Wirkungen. Eine Auswahl:
  Nasenbluten kann auftreten, weil Kokain auf Dauer die Nasenscheidewand kaputt macht.
  Herz und Kreislauf werden stark beansprucht, es kann zu Herzrhythmusstörungen kommen, Herzinfarkten und Schlaganfällen.
  Das Immunsystem wird geschwächt, damit steigt die Infektanfälligkeit.
  Die sexuellen Funktionen werden gestört.
  Zittern, nervöse Zuckungen und Krampfanfälle können auftreten.
  Das Kurzzeitgedächtnis erinnert sich nicht mehr richtig.
  Der Mensch wird reizbar, innerlich unruhig, depressiv, ängstlich, hat starke Stimmungsschwankungen, sieht, hört und empfindet Dinge, die nicht da sind (Halluzinationen, Wahnvorstellungen, Paranoia).

All das passiert aber nicht sofort, sondern diese Wirkungen lassen sich in aller Regel Zeit, manchmal viel Zeit bis zu ihrem Auftreten. Das ist gar nicht gut, denn das trägt dazu bei, dass Kokain meist grandios unterschätzt wird.

- Kokain ist hinterlistig.

Aus meiner Sicht ist Kokain die hinterlistigste und gemeinste Droge, die ich kenne. Und auch deshalb so gefährlich. Denn Kokain tut so, als würde es nicht abhängig krank machen. "Nur psychisch" ist auch heute noch gängige Lesart.[15]

Man muss auch nicht unbedingt täglich konsumieren. Da schleicht sich gerne das Gefühl ein, die Droge zu beherrschen.

Und man muss nicht ständig die Dosis höher schrauben, auf einem eingepegelten Level kann man ziemlich lange verharren - auch das widerspricht klassischer Abhängigkeitslesart und verleitet dazu, die Droge als Bedrohung der Gesundheit und der gesamten Lebensumstände nicht ernst zu nehmen.

In der Realität allerdings beherrscht Kokain den Menschen bereits nach kurzer Zeit. Still, unauffällig, mit angenehmen Effekten, zunächst wenigen Nebenwirkungen und heute, nachdem die Preise arg gefallen sind, auch für Otto Normalverbraucher erschwinglich. Und man weiß sich in bester Gesellschaft. Kokain ist ein treuer, schöner Wegbegleiter, zuverlässig in der Wirkung, das Highlight des Tages oder der Woche.

Nur eines darf man nicht tun: Sich davon trennen wollen. Gut, es kommt vor, dass Kokain dann Krawall schlägt: Unruhe, Aggression, Hysterie - Entzugserscheinungen. Meist aber ist Kokain eine leise Droge. Sie entwickelt intelligente Gründe für's weiter nehmen;

---

[15] Man unterteilt auch heute noch die Substanzen in solche, die psychisch abhängig und solche, die körperlich abhängig krank machen. Ich teile als Ganzheitsmediziner diese völlig überkommene Sichtweise nicht. Für mich ist stets der Mensch in seiner Gesamtheit krank, nicht nur ein Teil von ihm.

schleicht sich in die Tagesgedanken, bohrt hier ein wenig und dort, verheimlicht lange ihre Macht.

Aber in alledem agiert sie gnadenlos. Ihr Ziel: auf keinen Fall sehen lassen, was sie bereits angerichtet hat.

In der Realität hat sie nämlich längst einen kleinen weißen Teppich über alles gelegt: alles easy, alle sind nett, alles in Ordnung, ich bin leistungsfähig, ich bin kreativ, begehrt, erfolgreich. Warnsignale versinken im Schnee.

Denn selbstverständlich hat Kokain das gemacht, was alle psychotropen Substanzen tun: sie kanalisieren die Wahrnehmung, das Erleben, das Beurteilen, das Gewichten, das Entscheiden.

Wenn Entscheidungen, Wahrnehmung, Beurteilungen und Erleben kanalisiert sind, geht der Kontakt zur Realität verloren. Und das geht auf Dauer nicht gut.

Bis der Konsument das realisiert, können viele Monate vergehen. Und meist zeichnen sich dann bereits die individuellen Katastrophen ab oder sind bereits eingetreten: Der Partner spielt nicht mehr mit, die Kinder entfremden sich, Finanzen bereiten Probleme (Mehrausgaben wegen des steigenden Konsums stehen mögliche Einnahmeverluste durch Minder- und Fehlleistungen gegenüber), Freunde springen ab - und alles nimmt der Konsument nicht wahr, kann er über lange Zeit nicht wahrnehmen, weil Kokain die Beurteilung der Realität verfälscht.

In der Regel folgt nach solch langer Zeit zumindest ein zeitweiliger Absturz, gar nicht selten auch ein totaler, sofern sich der Konsument nicht in behandlungssichere Hände begibt.

Für Kokain gibt es übrigens keine Substitutionsbehandlung und das Craving ist ausgesprochen stark und zwingend. Es ist viel versucht worden, mit „Substituten", ausschleichender Behandlung („runterdosieren") und allem Möglichen. Die einzige langfristigen Erfolg versprechende Therapie ist aus meiner Sicht und Erfahrung die akupunkturgestütze Therapie.

Substanzen, die „bremsen"

Stress, Hektik, Leistungsanforderungen, Sinnkrisen, Unsicherheiten, Ungerechtigkeiten, Lärm, der blöde Chef, der unwillige Untergebene, Nachbarn, Partner, Kinder und der Sprit wird auch schon wieder teurer - es gibt sehr Vieles, das uns den Blutdruck hochtreibt und den Kamm schwellen läßt.

Wäre es nicht wunderbar, wenn uns der ganze Mist irgendwie nicht mehr tangieren würde, wir mit Buddhagleicher Gelassenheit in aller Seelenruhe auf die täglichen und nicht alltäglichen Herausforderungen und Probleme des Lebens reagieren könnten?

„Aber klar!" sagte die Pharmaindustrie, „Das ist eine gute Idee!" und entwickelte eine Reihe von Substanzen, die dem Menschen genau das schenken. So konnte man ihm und den eigenen Umsatzzielen gleichermaßen nützlich sein. Fairerweise muss man anfügen, dass es ursprünglich um Medikamente für, bzw. gegen bestimmte Krankheiten ging. Aber wie das mit dem menschlichen/betriebswirtschaftlichen Faktor so ist: die Frage, was behandlungsbedürftig ist und was nicht, ist ausgesprochen definitionselastisch - ebenso wie die Frage, wo der *Gebrauch* eines Medikamentes aufhört und der *Missbrauch* anfängt.[16]

Zu dieser Frage gibt es juristische Vereinbarungen, also Gesetze und Normen, die sich im Laufe der Zeit stets verändert haben. Morphium, Opium, Heroin und Kokain beispielsweise waren einst absolut legale Substanzen, empfohlen für eine Vielzahl von Krankheiten. Bei „bestimmungsgemäßem Gebrauch" sollten sich ihre Nebenwirkungen in Grenzen halten.

---

[16] Beispiel: wenn ich ansonsten gesund bin, mich aber mit einem Medikament stressresitenter machen und den Alltag oder bestimmte Situationen besser bewältigen kann - ist das noch Gebrauch oder schon Missbrauch...?

Aufschlussreiche Erfahrungen mit dem Begriff „bestimmungsge-mäßer Gebrauch" machte die Pharmaindustrie bereits im letzten Jahrhundert mit Morphium. Die Verbrauchsrate (und damit der Umsatz) schnellte in die Höhe, dummerweise damit einhergehend auch die Komplikationsrate, insbesondere auch die Rate der Abhängig-keitserkrankungen. Das wurde zu einem allgemeinen öffentlichen Problem. Der Hersteller musste reagieren. Deshalb wurde Heroin als Gegenmittel zum Morphin entwickelt. Teufel und Beelzebub, Sie kennen die Geschichte... Und man wurde damit bekannt, dass sich Wirkspektrum und Wirkintensität der Substanzen doch sehr unterschiedlich gestalten können, je nachdem, ob sie „bestimmungsgemäß" geschluckt oder aber direkt in die Blutbahn injiziert werden[17].

Opiate

Heroin ist heute eine illegale Substanz. Andere Opiate allerdings sind als Medikamente für bestimmte Indikationen zugelassen.

In erster Linie sind Opiate starke Schmerzmittel. Diese Wirkung ist ungemein nützlich bei schweren schmerzhaften Erkrankungen. Einige Begleitwirkungen sind zusätzlich gewünscht: Opiate beruhigen, lösen Ängste, machen schläfrig-dösig und sind wunderbare Stimmungsaufheller bis hin zu einem euphorischen Gemütszustand, der manchmal angesichts schwerster Erkrankungen befremdlich wirken kann.

Außerdem dämpfen Opiate den Hustenreflex. Das macht auch ein Opiatabkömmling, das *Codein*, das sich in sehr vielen „Hustenstillern" findet. Es hat aber auch weitere Opiatwirkungen, allerdings in stark abgeschwächter Form. Deshalb wurde Codein früher oft als Heroiner-

---

[17] beispielsweise ist geschlucktes (oral aufgenommenes) Heroin sehr viel weniger wirksam als gerauchtes oder gespritztes. Der Wirkungseintritt ist ebenfalls stark verzögert. All das sind Faktoren, die die Suchtpotenz des Heroin bei oraler Aufnahme deutlich mindern.

satzmittel konsumiert. Heute sind andere Opiatabkömmlinge (Polamidon, Methadon, Subutex) zur Substitution heroinabhängiger Menschen im Gebrauch.

Fast reflexartig denken wir bei den Begriffen Opiate und Heroin an Illegalität und Drogenmafia.

Seit etlichen Jahren sucht die USA die oben bereits erwähnte Opioid-Krise heim. Dabei geht es erst in der Folge massenhafter Verschreibungen von opiathaltigen Mitteln um das illegale Heroin. „60.000 Amerikaner sterben jährlich an einer Überdosis Opioide, vor allem durch Arzneien. Jetzt gilt der nationale Notstand. Blinder Aktionismus? Nein, nur ein Anfang." schrieb Jakob Simmank am 11. August 2017.[18] Er sollte Recht behalten. In dem Jahr, in dem er das schrieb, 2017, stieg die Todeszahl bereits auf über 72.000[19]. Nach und nach steigen die abhängig Kranken auf Heroin um, das einen erneuten Boom in den USA erlebt. Wird Heroin in die Vene injiziert („gedrückt") spüren die Konsumenten nach einigen Augenblicken den berühmten „Kick", übereinstimmend als „das geilste Feeling der Welt" bezeichnet.

Man nimmt an, dass seit der Jahrtausendwende in den USA über 300.000 Menschen an Opiaten verstorben sind[20]. Wie viele wegen Abhängigkeit arbeitsunfähig sind und letztlich dahinvegetieren, ist in Zahlen wohl nicht darstellbar.

---

[18] ZEITonline, https://www.zeit.de/wissen/gesundheit/2017-08/opiod-krise-usa-nationaler-notstand-donald-trump-therapie/komplettansicht

[19] SPIEGELonline, Morning Briefing, 4. Oktober 2018

[20] Opiate sind natürlich keineswegs nebenwirkungsfrei. Sie reichen von Blutdruckabfall, Herzrhythmusstörungen, Erbrechen, über Verstopfung, Hautausschlag, Appetitlosigkeit, Mattigkeit und nahezu kompletter Abnahme des Interesses am Leben (und Fokussierung auf den Stoff), bis hin zu lebensgefährlicher Hemmung des Atemzentrums.

Längst nicht immer, so lernen wir daraus, ist es die internationale (Drogen)Mafia, die mit skrupellosen Methoden unverschämt viel Geld verdient. Im Fall der Opioid-Krise hat das Drama sogar einen Namen: Richard Sackler[21]. Die Sackler-Familie war wohl noch nie sonderlich zimperlich, wenn es um's Geschäft ging: bereits in den Sechszigerjahren des letzten Jahrhunderts wurde mit aufwändigen Werbekampagnen das Benzodiazepin Valium „als eine Art Hausmittel zur Behandlung von Alltagsängsten"[22] verharmlost. Immer noch (Stand: Ende 2018) sterben in den USA weit mehr als 100 Menschen täglich - an Opioiden. Pikanterweise hat sich Sackler neuerdings auch ein Patent auf eine Substanz gesichert, die Opioid-Abhängigen helfen soll, vom Stoff wegzukommen.

Inzwischen (Stand: Anfang 2019) hat das Drama eine Dimension angenommen, die sogar Politiker dazu motiviert hat, Konsequenzen in Erwägung zu ziehen: „Ökonomen schätzen, dass der Wirtschaft seit 2001 ein Schaden von über einer Billion Dollar entstanden ist."[23] Eine Vielzahl von Klagen sind derweil gegen die in Sackler-Besitz befindliche Pharma-Firma Purdue (Präparat: Oxycontin) bei amerikanischen Gerichten anhängig, der Staat Massachusetts geht sogar gegen die Sacklers persönlich juristisch vor. Aber wahrscheinlich müssen die Multimilliardäre keine Beruhigungspillen nehmen: das amerikanische (Insolvenz)Recht sieht einige gern genutzte Lücken vor, und entsprechende Kanzleien sind bereits beauftragt...

Ich korrigiere die ersten beiden Sätze dieses Abschnitts: es kommt auf die Definition des Begriffes „Mafia" an.

---

[21] vergl. „US-Milliardär Richard Sackler - Der Großverdiener an der Opioid- Krise", Süddeutsche Zeitung, 11.September 2018

[22] Zitat aus dem genannten Artikel in der SZ vom 11.09.2018

[23] SPIEGELonline, 06.03.2019, http://www.spiegel.de/wirtschaft/unternehmen/purdue-pharma-will-sich-offenbar-vor-gerichtsprozessen-druecken-a-1256495.html

Benzodiazepine

Sie kennen diese Substanzgruppe wahrscheinlich unter ihren Handelsnamen Valium, Tavor, Mogadan, Dormicum, Tranxilium, Lexotanil u.v.a. Ihre Wirkungen setzen unterschiedlich schnell ein, sie haben eine sehr unterschiedliche Wirkdauer und die Schwerpunkte ihrer Wirksamkeit differieren. Sie werden unter anderem eingesetzt als Schlafmittel und Beruhigungsmittel, sollen Ängstlichkeit und innere Anspannung beseitigen, können epileptische Krampfanfälle beenden, und verleihen der Welt eine wunderbare rosarote Tönung: zu ihrem Wirkprofil gehört, dass sie den Einfluss negativ getönter Emotionen auf die Befindlichkeit reduzieren. Sie machen weniger „stressanfällig": sie entkoppeln ein wenig (oder auch mal sehr viel mehr) das Bewusstsein von inneren und äußeren Erlebnissen.

Niemand sage, in unserer heutigen Industriegesellschaft könne man so etwas nicht hin und wieder mal gut gebrauchen.

Keine Frage, all diese Substanzen, jedes dieser Medikamente hat eine sinnvolle Indikation. Nur: Nicht immer wird die Indikation scharf gestellt und Verordnungen auf Privatrezept sind einfach zu bekommen. Und dann, wenn Medikamente ohne hinreichende Indikation eingenommen werden, dann kommen gerne und zügig unerwünschte Wirkungen zum tragen. Eine davon ist die Potenz, eine Abhängigkeitserkrankung zu erzeugen. Das ist inzwischen allgemein bekannt und hält erfreulicherweise Menschen vom Gebrauch dieser Substanzen ab. Eine andere „Nebenwirkung" ist im Grunde auch bekannt, aber wenig formuliert. Sie betrifft sowohl das Arbeitsleben des Menschen, als auch seinen privaten Bereich. Sie ist wichtig und deshalb müsste im Beipackzettel eigentlich folgender Hinweis stehen:

„Warnhinweis!
Unter Benzodiazepineinfluss nehmen Sie Signale Ihres Körpers und Ihrer Umwelt verändert wahr, bewerten Zusammenhänge optimistischer und freundlicher und ziehen daher wahrscheinlich andere

Schlüsse, als Sie es ohne Einnahme von Benzodiazepinen getan hätten. Ihre Entscheidungen basieren auf geschönten Einflüssen unter Ausblendung negativer Faktoren. Die Dauer dieser Wahrnehmungs- und Entscheidungsveränderung wird durch die Halbwertszeit des jeweiligen Präparates bestimmt und kann zwischen Stunden bis Tagen variieren. Durch Überhangwirkung kann sie auch noch deutlich darüber hinaus wirksam sein, auch nach Absetzen des Präparates."

Besonders schlecht, wenn derartige Wahrnehmungs- und Beurteilungsverhältnisse zwangsweise festgeschrieben werden, weil der Betreffende abhängig krank geworden ist - und das kann bei manchen Benzodiazepinen durchaus schnell geschehen.

Das mit der abhängig krank machenden Potenz von Medikamenten ist den Pharmaunternehmen immer irgendwie unangenehm, weil die Abhängigkeitserkrankung kein gutes Image hat. Zwar sehr zögerlich, aber immerhin, sehen sich dann manche Hersteller genötigt, etwas für das Image zu tun. Zum Beispiel ein weiteres Medikament auf den Markt zu bringen, das damit beworben wird, diese abhängig machende Potenz nicht oder nur in verschwindend geringem, vernachlässigbarem Umfang zu haben.

Der Leser erinnert sich: das ist mit Heroin schon einmal schief gegangen.

„Z-Substanzen"[24] wird die Stoffgruppe genannt, die benzodiazepinähnliche Wirkungen haben soll und die die Hersteller unter anderem mit der Behauptung ausstatteten, weniger oder vielleicht gar nicht abhängig krank machen zu können. Sehr schnell stellte sich heraus, dass dem nicht so ist. Meinem Kenntnisstand nach können Entzugsbehandlungen dieser Substanzen sogar schwieriger sein als solche von Benzodiazepinen.

---

[24] Handelsnamen: Zolpidem, Zoplicon, Zaleplon...

Pregabalin heißt der Wirkstoff, der z.B. unter dem Handelsnamen Lyrica seit 2005 auf dem Markt ist. Mal abgesehen davon, dass - wie bei anderen Medikamenten ebenfalls - der exakte Wirkmechanismus nicht hineichend bekannt ist, wurde auch von dieser Substanz ein sehr niedriges, praktisch kaum vorhandenes Suchtpotenzial behauptet. Da ich diese Substanz an dieser Stelle erwähne, dürfte es Sie nicht überraschen, dass wir inzwischen in den Kliniken ein ernstes Pregabalin-Missbrauchsproblem haben.[25]

Antidepressiva

Zweifellos gibt es sie, die sinnvollen Indikationen für den Einsatz der bereits mehrfach erwähnten Antidepressiva.

Unter diesem Sammelbegriff finden sich unterschiedliche chemische Substanzen mit unterschiedlichen Angriffspunkten auf den Hirnstoffwechsel. Eine heute noch populäre Theorie sagt, Veränderungen von Neurotransmittern im Gehirn, vornehmlich Serotonin, seien die wichtigste biologische Auffälligkeit der Depression. Deshalb widmen sich die meisten der heute gebräuchlichen Antidepressiva dem Stoffwechsel dieser Substanz im Gehirn. Das ist aber gar nicht so einfach, weil Serotonin a) nicht nur im Gehirn, sondern im gesamten Körper vorkommt, dort wichtige Funktionen hat, b) sich im Blut, Zentralnervensystem, Kreislauf und zu rund 95% der Gesamtmenge im Magen-Darm-Trakt befindet, nicht zuletzt weil es dort auch hergestellt wird, zum größten Teil jedenfalls, und c) weil ein anderer Teil im Gehirn hergestellt wird und der hat nicht unbedingt etwas mit dem im Restkörper befindlichen Serotonin zu tun (es gibt die so genannte Blut-Hirn-Schranke, eine überaus effiziente Barriere, die den empfindlichen Gehirn-Blutkreislauf vor unangebrachten, schädlichen und kriti-

---

25 vergl. u.a.: N. Zellner, F. Eyer, T. Zellner: Alarmierender Pregabalin-Missbrauch: Prävalenz im Münchener Raum, Konsummuster und Komplikationen. DMW Deutsche Medizinische Wochenschrift 2017; 142 (19); e140– e147

schen Stoffen aus dem Körperkreislauf schützt) - und da kommt das Körper-Serotonin nicht so einfach durch.

Die Medikamente, die nun im Hirn auf das Serotoninsystem wirken sollen, sind aber nicht so genial spezifisch, wie der Körper seine Substanzen und Systeme herzustellen vermag. Und sie werden ja nicht direkt in den Hirn-Blutkreislauf injiziert, sondern müssen regelmäßig den Weg über den Magen-Darm-Trakt nehmen, weil sie geschluckt werden. Das hat Folgen. Die nennt man zum Beispiel Nebenwirkungen und die können unangenehm sein: Kopfschmerzen, Schlaflosigkeit, Nervosität, Angstgefühle, Denkstörungen, Alpträume, Verwirrtheit, Unruhe, Beeinträchtigung der Konzentration, all das sind häufig vorkommende unerwünschte Wirkungen. Wie bei allen Medikamenten sollten Überdosierungen nicht passieren, der Körper kann dann u.a. mit Krampfanfällen, Erbrechen und Blutdruckanstieg reagieren. Todesfälle seien aber ausgesprochen selten, meint der Hersteller des Medikamentes Fluoxetin.

Noch einmal: es gibt ganz sicher sehr sinnvolle und notwendige Indikationen für Antidepressiva. Werden sie aber von gesunden Menschen zur „Stimmungsaufhellung"eingenommen, wie es auch im Sinne von Neuroenhancement getan wird, kann der Schuss gewaltig nach hinten losgehen: noch unsicherer in der Wirkung, Häufung von Nebenwirkungen und fatalerweise auch das Gegenteil des Gewünschten: plötzliche, unvorhersehbare Aggressionausbrüche bis hin zu Mord und Selbstmord.

In der Hirnforschung verändert sich vieles in atemberaubendem Tempo, der Erkenntnisgewinn in einem Zeitraum von zum Beispiel 30 Jahren ist ungeheuer. Die „Serotonin-Theorie" ist nahezu 70 Jahre alt.

Vielleicht erklärt ihre Betagtheit, dass auch heute noch vieles in der individuellen pharmakologischen Behandlung einer depressiven Erkrankung einfach ausprobiert werden muss, bei jedem Patienten auf's Neue. Es gibt neuere Vorstellungen zur Depression, die (mir persönlich) plausibler scheinen als dieser populäre Theorie-Opa. Sie sind wenig bekannt. Man könnte dem Gedanken verfallen, diese modernen Theoriekonzepte seien deshalb noch nicht so bekannt und geschätzt, weil es bislang keinen medikamentösen Zugang dafür gibt, an dem die Pharmaindustrie verdienen könnte.

Und vielleicht erklärt das auch die Not der Hersteller, Untersuchungen und Wirksamkeitsnachweise für die Serotonin-Theorie - nun ja - ein wenig sportlich auszulegen. Die SÜDDEUTSCHE ZEITUNG ist da übrigens direkter und berichtet über „offensichtlich gefälschte Studien" zu den Antidepressiva Paroxetin und Imipramin (beide vom Hersteller Glaxo-Smith-Kline, GSK): „In der einflussreichen Originalstudie, die 2001 erschienen ist und in der das Loblied auf die beiden Mittel gegen Schwermut angestimmt wurde, sind Daten verschwiegen, verzerrt und verfälscht worden. Millionen Jugendliche weltweit haben die ebenso nutzlosen wie schädlichen Medikamente seither genommen....Anders als die behauptete "gute Verträglichkeit" gingen beide Medikamente mit starken Nebenwirkungen einher. Paroxetin führte zu Verhaltensauffälligkeiten, Suizidneigung und anderen schweren Einschränkungen; Imipramin löste hauptsächlich Herzrhythmusstörungen aus. Fehlende Wirkung und unerwünschte Folgen der Behandlung tauchen in der Veröffentlichung 2001 jedoch gar nicht oder nur stark abgeschwächt auf. Auch die Schwere der Nebenwirkungen wurde verschleiert. Massive Herzprobleme unter Imipramin spielten die Studienautoren herunter. Suizidgedanken und -versuche wurden als "emotionale Labilität" eingeordnet....Außerdem wurde bekannt, dass kein Wissenschaftler, sondern ein von GSK angeheuerter Ghostwriter den Facharrtikel (zu Paroxetin) von 2001 geschrieben hatte, unter den 22 Autoren ihren Namen setzten. 2012 wurde GSK zu drei Milliarden Dollar Strafe verurteilt, weil das Mittel wider besseren Wissens für den Gebrauch bei Kindern und Jugendlichen beworben wurde...Bei bis zu einem Drittel der Patienten, die mit einem selektiven Serotonin-Wiederaufnahme-Hemmer (SSRI) oder Serotonin-Noradrenalin-Wiederaufnahme-Hemmer (SNRI) behandelt werden, ist nach dem Absetzen mit Entzugssymptomen zu rechnen. Diese sind überwiegend unspezifisch, manchmal ungewöhnlich, und sie werden leider oft mit einem Rezidiv der Grundkrankheit verwechselt."[26]

Angesichts der Überlegungen und Bestrebungen zur Legalisierung schädlicher Substanzen, zumal solchen mit Abhängigkeitspotenzial, kann ich mir vor dem Hintergrund der wohl doch nicht ganz zu leugnenden Gewissenlosigkeit mancher Konzerne ein Kopfschütteln nicht verkneifen...

Substanzen mit „dualen Wirkungen"

Neben Facebook und Netflix-Serien gibt es eigentlich nur zwei legale Volksdrogen: Alkohol und Nikotin. Beide haben „zwei Gesichter".

Alkohol

Manche behaupten, es habe schon zu allen Zeiten und in allen Ecken der Welt Drogen gegeben, schon immer habe der Mensch den Rausch gesucht - und auch gefunden. Jede Kultur habe schon immer ihre Drogen gehabt. Das stimmt so nicht. Die „biogenen" Substanzen früherer Zeiten waren stets nur bestimmten Menschen, Medizinmännern, Hexen und anderen auffälligen Personen zugänglich und/oder wurden nur zu bestimmten Anlässen konsumiert - und das auch nicht durchgehend von sehr vielen Menschen aller Bevölkerungsschichten, sondern hatten den Rang besonderer Exklusivität. Die meisten heute gebräuchlichen Drogen sind Erfindungen zumeist deutscher Chemiker von Anfang bis Mitte des letzten Jahrhunderts und es sind Massenwaren.

---

[26] Quelle: http://www.sueddeutsche.de/gesundheit/2.220/psychiatrie-deprimierend-1.2652676, 17.09.2015

Die einzige Substanz, die den Titel „Kulturdroge" zu recht trägt, ist der Alkohol. Neueren Erkenntnissen zufolge wurden schon vor etwa 13.000 Jahren die ersten Bierchen gebechert. Übrigens nicht in Bayern, auch nicht in Ägypten, Mesopotamien oder China, wie es lange Zeit hieß, sondern im Gebiet des heutigen Israel[27]. Klarheit herrscht indes noch nicht darüber, ob aus Getreide zuerst Bier oder doch Brot nutzbar gemacht wurde...

Wie die meisten wissen oder sich noch dran erinnern, hat Alkohol eine ganze Anzahl von Wirkungen. Akute und chronische zum Beispiel. Beginnen wir mit den akuten. Hier zeigt sich nämlich die duale Wirkung, die «Zweigesichtigkeit» des Alkohols:

Mäßiger Konsum wirkt anregend, Aktivität steigernd, entspannend, Kommunikation fördernd, erheiternd, Kontakt fördernd. Alles in allem dürfte dies wohl für die meisten Menschen ein höchst erfreulicher, erstrebenswerter Zustand sein, etwa vergleichbar mit der Phase eins des rheinischen Karneval.

Oftmals bleibt es aber nicht beim mäßigen Konsum, sondern es wird mehr getrunken. Deshalb verändern sich die Auswirkungen auf den Menschen und der Karneval tritt in Phase zwei. *Höherer Konsum* wirkt hemmend, Aggression fördernd, emotional abschottend, enthemmend beispielsweise in Bezug auf Gewaltanwendung.

Phase drei in zahlenmäßig respektablen Größenordnungen live erleben zu können, war in früheren Zeiten tatsächlich im wesentlichen den drei tollen Tagen der fünften Jahreszeit vorbehalten. Kliniken könnten dazu ganz interessante Statistiken über das Koma-Saufen liefern. Erfreulicherweise hat aber, nach einem Hoch in den 2010er Jahren, die Tendenz besonders Jugendlicher, sich einfach das Hirn

---

[27] https://www.wissenschaft.de/geschichte-archaeologie/prost-in-der-steinzeit vom 17.September 2018

schlagartig wegzusaufen, deutlich nachgelassen. Möge das ein Trend sein...

Laut Website der Deutschen Hauptstelle für Suchtfragen[28] konsumierte im Jahr 2015 jeder Einwohner ab einem Alter von 15 Jahren in Deutschland 10,7 Liter reinen Alkohol. Die Menge erhöht sich, weil weder Schwangere, noch Abstinenzler oder sonstige Nicht-Alkohol-Konsumenten rausgerechnet wurden. Das ist im internationalen Vergleich ein guter Platz im oberen Mittelfeld. Wir haben also reichlich Erfahrung mit dem Stoff - und damit dummerweise auch mit seinen negativen Wirkungen.

Ich werde mich an dieser Stelle nicht in die Diskussion einklinken, ob jedweder Alkoholkonsum grundsätzlich schädlich ist oder das Glas Rotwein am Abend nicht doch im Gegenteil zu einem gesünderen und längeren Leben beiträgt: seit Jahrzehnten wird untersucht, geforscht und bewertet und die wissenschaftliche Meinung wogt hin und her, wobei jede neue Untersuchung stets sauberen wissenschaftlichen Kriterien entspricht (es ist eben alles eine Frage der Definition)...

Es ist auch hinlänglich bekannt, dass hoher und regelmäßig hoher Alkoholkonsum sämtliche Organe im Körper nachhaltig schädigt und schließlich eine Reihe von Störungen bewirkt, die nicht selten tödlich enden. Die Auflistung dieser bekannten Nebenwirkungen erspare ich Ihnen.

Weniger bekannt ist, dass wir bis heute nicht genau wissen, weshalb für den Einen das erste Glas Bier der Einstieg in eine Abhängigkeitserkrankung bedeutet, der Andere sein Leben lang Alkohol trinkt (in Maßen, selbstverständlich, nicht in Massen) und niemals ernsthaft in Gefahr ist, alkoholkrank zu werden. Wir wissen nur, dass sich die Alkohol-Abhängigkeitserkrankung meist schleichend entwickelt, oft über Jahre, manchmal sehr viele Jahre. Das macht eine zuverlässige

---

[28] http://www.dhs.de/datenfakten/alkohol.html, Stand 28.08.2018

Diagnose oft so schwierig und die Festlegung allgemeiner Trinkgrenzen kann immer nur ein grober, im Einzelfall auch untauglicher Hinweis sein (man kann z. B. auch mit geringerem Konsum am Alkohol abhängig erkranken). Für eine gute Diagnostik ist immer ein Zeitverlauf hilfreich.

Die „guten alten Hausärzte" gibt es immer noch (und bereits wieder), sie kennen ihre Patienten und deren Familien oft sehr genau und betreuen sie über einen längeren oder langen Zeitraum. Das dürfte ein wesentlicher Grund dafür sein, dass Allgemeinärzte (Hausärzte) alkoholkranke Menschen mit einer Sicherheit erkennen können (92%), die zwei Standard-Testverfahren (CAGE und LAST - Test) nur zusammen angewendet erreichen[29].

Was passiert mit einem Menschen, der alkoholabhängig krank ist?

Er leidet. Er bescheißt seine Umwelt. Er trickst und betrügt, andere und sich selbst. Er erkennt sich nicht wieder. Er erkennt seine Liebsten nicht. Er verändert sich. Seine Liebsten erkennen ihn nicht wieder. Er setzt alles daran, unauffällig zu bleiben. Er verkennt seine Lage. Er heult und jammert, schimpft und ist aggressiv. Er banalisiert. Er leugnet. Er weiß und leugnet weiter. Er verliert den Kontakt zu sich selbst. Er verliert den Kontakt zu seiner Umgebung. Er macht seine Angehörigen und seine Freunde wütend. Er hat ein schlechtes Gewissen. Er ist schwer krank.

Die Alkoholabhängigkeit zählt in Deutschland (und eigentlich fast überall) bei den Männern zu den häufigsten Erkrankungen überhaupt. Die Frauen holen derzeit stark auf. Das ist gar nicht gut. Unter anderem deshalb, weil (diese Aussage jetzt ist nicht wissenschaftlich beweisen, aber ein eindeutiger Erfahrungswert vieler im Suchtbereich Tätigen) Frauen meist „härter drauf sind" als Männer und schwieriger wieder „runter zu bekommen".

---

[29] Vergl. Strauß, K. „Giftgeil", BOD 2001, S. 8

Es ist wichtig für den abhängig kranken Menschen, all das zu wissen. Es geht nämlich nicht um individuelles Versagen, individuelle Schuld, individuelle Unfähigkeit, etwas zu ändern, sondern darum, eine schwere chronische Erkrankung zu verstehen und zu behandeln.

Das ändert oft nichts an der Spur der Verwüstung, die ein abhängig Kranker durch sein eigenes und das Leben seines familiären und sozialen Umfelds pflügt, aber es kann vom als gerecht empfundenen Zorn befreien (nicht von der Erregung und der Enttäuschung), die sein Umfeld bewegt. Das ist erstrebenswert, weil „Festhalten an Zorn," so sagt es Buddha, „ist wie Gift trinken und erwarten, dass der Andere dadurch stirbt."

Nikotin

Der Marlboro-Mann starb an Lungenkrebs. Zwei meiner Freunde auch. Rauchen schädigt nicht nur die Lunge und macht die Gardinen gelb und stinkend, es ist auch für amputierte Beine und Herzinfarkte verantwortlich. Nicht verantwortlich hingegen war das Rauchen für den Erhalt unzähliger Kneipen und Restaurants, die auch nach Einführung des allgemeinen Rauchverbots - entgegen allen Prognosen - eben nicht pleite gingen, sondern eher im Gegenteil den Genuss dargebotener Speisen und Getränke zu steigern wussten durch Wegfall des geschmackshemmenden Tabakqualms. Über eine wie auch immer geartete steigernde Wirkung durch das allgemeine Rauchverbot in öffentlichen Verwaltungen ist nichts bekannt.

Nikotin gilt als eine abhängig krank machende Substanz. Das ist sicherlich richtig. Aber die Substanzen unterscheiden sich zum Teil erheblich. Alkohol kann, wie wir gesehen haben, ein lange Latenzzeit haben, bis sich die Sucht entwickelt. Andere Stoffe, zum Beispiel Crack, sind da deutlich brutaler. Und es gibt jede Menge Zwischenformen. Nicht nur deshalb ist es so wichtig, sich die konsumierten

Substanzen genau anzuschauen und nicht alle über einen Kamm zu scheren...

Nikotin hat eine spezielle Besonderheit, die man kennen sollte. Besonders, wenn man sich das Rauchen abgewöhnen will.

Die Tabakindustrie steht nicht in dem Ruf, zimperlich zu sein. Sie hat ein Produkt, das krank macht und krank hält, enorme Allgemeinkosten verursacht und wenigen Konzernen satte Umsätze und Gewinne beschert. Wirtschaftlich gesehen sind solche Produkte ein Segen, man nennt sie „Selbstläufer mit hoher Kundenbindung". Übrigens: das ist einer der Hauptgründe, weshalb ich gegen die Legalisierung weiterer suchtpotenter Substanzen mit Schädigungspotenzial bin. Denn eine Legalisierung begründet eine profitorientierte Industrie und man möge dieser bitte nicht unterstellen, menschenfreundlich zu agieren. Das wurde weder mit dem Nikotin noch mit dem Alkohol so gemacht und selbst für bestimmte Medikamente, wie die erwähnten Opiate, werden immer wieder neue Absatzmärkte gesucht und gefunden, da helfen dann auch staatliche Regulierungsversuche nicht...

Was Sie jetzt vielleicht nicht verstehen werden: ich habe gar nichts gegen das Tabak-Rauchen. Absolut nicht. Aber es raucht heutzutage keiner Tabak!
Wie das?
Ganz einfach: In früheren Zeiten wurde auch schon geraucht. Über viele viele Jahrhunderte war Tabakrauchen aber auf einige wenige Menschen und Rituale beschränkt (vom 16. bis 18. Jahrhundert wurde Tabak allerdings vorwiegend geschnupft), die chemische Veränderung des Tabaks konnte erst mit der Entwicklung moderner Chemie Einzug halten. Die Erschließung eines gewaltigen Massenmarktes für Tabakprodukte ist ein Vorgang der letzten Jahrzehnte. Dabei half vermutlich auch die zunehmende Kenntnis chemischer Prozesse: im

heutigen Tabakrauch sind rund 5.300 chemische Substanzen[30] nachweisbar, aber noch interessanter ist die Tatsache, dass zwischen 400 und 600 Zusatzstoffe dem Tabak untergemischt werden oder ihn „verfeinern" sollen, wie die Tabakindustrie vermerkt. Diese Zusatzstoffe sind natürlich alle zugelassen - als Lebensmittelzusatzstoffe, die dort als „unbedenklich" gelten. Was aus einer chemischen Verbindung wird, wenn sie zweckentfremdet statt gegessen oder getrunken mit tausenden anderen Substanzen im Tabakrauch verbrannt und in die Lungen inhaliert wird, mag man sich gar nicht vorstellen. Sicher ist aber, dass dabei giftige, krebserzeugende, und anderweitig krank machende Verbindungen entstehen. Welche Zusatzstoffe in welcher Kombination und Menge hinzugefügt werden, das ist leider ziemlich unbekannt. Unbekannt sind diese chemischen Verbindungen deshalb, weil sie dem Betriebsgeheimnis des jeweiligen Tabakkonzerns unterliegen.

Geheimniskrämerei fördert Phantasien. Und so könnte man glatt auf die aberwitzige Idee verfallen, diese geheimen chemischen Stoffe würden von der Tabakindustrie doch nicht nur zum Vergnügen produziert und verwendet, sondern hätten, etwa in Zigaretten, ganz bestimmte und für das Unternehmen besonders wichtige Aufgaben. Zu den besonders wichtigen Aufgaben der Tabakindustrie gehört wahrscheinlich auch das Verkaufen ihrer Produkte. Nun sind dies Produkte, die unbestritten eine ziemlich hohe Kundenbindung produzieren, indem sie abhängig machen. Was läge näher, als diesen Produktvorteil auszubauen und chemische Substanzen zu verwenden, die beispielsweise die Suchtpotenz des Nikotin fördern oder stabilisieren? Und vielleicht alle paar Monate gewechselt werden, um Gewöhnungseffekten zu begegnen und Markenbindung zu steuern?

Immerhin dürfte ziemlich deutlich geworden sein, dass der Tabak früherer Generationen mit dem heutigen Chemiecocktail nun wirklich

---

[30] Vergl. „Tabakatlas Deutschland 2015", Deutsches Krebsforschungszentrum Heidelberg

gar nichts mehr gemeinsam hat; deutlicher formuliert: früher gab es reinen Tabak, der wenigen Menschen vornehmlich zu bestimmten Anlässen vorbehalten war - heute gibt es ein chemisches Produkt unbekannter Zusammensetzung, das massiv in einen Massenmarkt gedrückt wird. Kein Wunder, dass das krank macht.

BESSER: RAUCHFREI

Wenn Sie jetzt beschließen sollten, dass diese Chemiebombe nun langsam doch nichts mehr in Ihrem Körper zu suchen haben soll, ergeben sich aus dem eben Gesagten ein paar Hinweise.

Sicher kennen Sie in Ihrem Bekannten- oder Verwandtenkreis den ein oder anderen, der sich das Rauchen über Nacht abgewöhnt hat und das ohne jede Entzugserscheinungen. „Der hatte eben einen starken Willen." sagt man in solchen Fällen bewundernd. Sicher hat der Betreffende den, aber gegen einen wirklich abhängig krank machenden Stoff hat auch der stärkste Wille keine Chance (siehe weiter vorn in diesem Buch). Nein, dieses Phänomen tritt so häufig auf, dass dahinter etwas anderes stecken muss. Und es gibt inzwischen sogar vereinzelt offen zugängliche Untersuchungen, die die o.g. Phantasie stützen: es scheint so zu sein, dass die abhängig krank machende Potenz des Nikotin irgendwie - zumindest in ihrer Intensität - zeitlich befristet ist. Nach mehreren Monaten Wirkung im Körper des Menschen scheint sie ihre Suchtpotenz einzubüßen, zumindest auf ein für die Interessen des Konzerns unattraktives Niveau zu sinken. Wohl bereits in den 80ern und 90ern des letzten Jahrhunderts mischten die Konzerne dem Tabak Katalysatoren bei, die die Suchtpotenz des Nikotin hochhielten. Und man hat scheinbar herausgefunden, dass auch diese Katalysatoren nur einen begrenzten Zeitraum hinreichend funktionieren, weshalb man sie in regelmäßigen Abständen wechselt.

Setzt nun ein Konsument die Zigaretten in dem Augenblick ab, in dem der alte Katalysator schwach geworden ist und vielleicht nicht mehr funktioniert, hat er auch nicht mit Entzugserscheinungen zu rechnen, weil er praktisch einen so genannten „warmen Entzug" gemacht, also den Suchtstoff „runterdosiert" hat. Dies scheint nach heutigem Kenntnisstand die schlüssige Erklärung des Phänomens des abrupten Absetzens von Nikotin ohne Entzugserscheinungen zu sein.

Man kann (und sollte) sich das zunutze machen. Deshalb könnte eine gute Empfehlung für einen Rauchstopp folgendes Vorgehen sein. Entgegen den allgemeinen Standards: decken Sie sich beim Dealer Ihres Vertrauens mit einer hinreichend großen Menge (Stangen) Ihrer bevorzugten Marke für die nächsten etwa sechs bis acht Wochen ein. So haben Sie die beste Chance, innerhalb einer Charge des Herstellers zu bleiben und damit die Wahrscheinlichkeit erhöht, in die Phase der abklingenden Wirkung der Katalysatoren/des Nikotins zu gelangen. Sie erleichtern sich damit das Aufhören unter Umständen drastisch. Während dieser Zeit rauchen Sie weiter wie bisher, lediglich Zeit, Ort und Datum notieren Sie auf einer kleinen Karteikarte zu jeder Zigarette (ein IKEA-Bleistift passt hervorragend in jede Schachtel) und dazu eines von drei bis vier Stichworten, die den Anlass des Rauchens festhalten. Also z.B. „Essen", „Langeweile", „Stress" oder „Null" (= keine Ahnung, weshalb ich ausgerechnet jetzt rauchen will, ist ganz schön bekloppt, muss aber sein….).

Sie müssen aber nicht die ganzen acht Wochen brav weiter rauchen. Sondern: spüren Sie in dieser Zeit in sich hinein, nehmen Sie wahr, wie Ihre Lust auf Rauch sich ändert - denn das tut sie bestimmt. Mal mehr, mal weniger und so manches Mal beginnt die Qualmerei, Sie anzuöden: Sie sind im Bereich der abklingenden Wirkung.

Wie Sie dann weiter verfahren, liegt ganz bei Ihnen: weitere Reduktion alleine oder mit Hilfe, ich würde immer die Unterstützung durch eine spezielle Akupunktur empfehlen, weil sie das Craving reduziert. Oder Sie probieren's aus und hören von einem Tag auf den anderen auf. Spüren Sie einfach in sich hinein und entscheiden Sie „aus dem Bauch heraus".

Exkurs: Legal = gut ?

Inzwischen ist die Forderung, alle illegale Drogen zu legalisieren, nicht mehr sonderlich originell. Teilweise wird's auch erprobt, zumindest mit Cannabis, zumindest in einigen Ländern. Ich möchte dazu in aller gebotenen Kürze etwas sagen.

Zu dem Argument, Drogenkonsumenten sollten wegen ihres Konsums nicht mehr kriminalisiert werden.

Diese Forderung ist völlig richtig und angemessen und deshalb in Deutschland seit langem erfüllt: Niemand wird hier wegen seines Drogenkonsums oder gar einer Abhängigkeitserkrankung kriminalisiert. Jeder darf alle möglichen Stoffe so viel konsumieren, wie er will, jeder darf sich totsaufen, Valium bis zum Umfallen konsumieren, Nikotin inhalieren, jeder darf kiffen, koksen, sich mit Heroin vollpumpen und jeder darf sein Leben lang von seinen Stoffen abhängig krank werden. Jeder darf mit sich selbst machen, was er will. Aber nur mit sich selbst. Niemand darf besoffen oder bekifft Auto fahren, niemand (außer Apotheken) mit verschreibungspflichtigen Tabletten Handel betreiben oder Kokain verkaufen. Das finde ich sehr vernünftig.

Für illegale Substanzen wie Cannabis, Kokain, Heroin usw. gibt es im deutschen Rechtssystem eine Regelung, die ich auch sehr vernünftig finde: die „Eigenverbrauchsmenge".

Man geht davon aus, dass verschiedene Stoffe die Potenz haben, abhängig krank zu machen. Niemand, so die Rechtsauffassung, darf wegen einer Krankheit bestraft werden, selbst dann nicht, wenn die Krankheit durch den Konsum einer illegalen Substanz entstanden ist, deren Besitz naturgemäß strafbar ist. Deshalb obliegt es jedem Bundesland, so genannte Freigrenzen zum Eigenverbrauch festzulegen. Sollte ein Konsument mit einer Menge seines Stoffes angetroffen werden, die innerhalb dieser Freigrenze liegt, wird er für diesen Besitz nicht bestraft, die Strafanzeige wandert automatisch in den Papierkorb. Liegt sie allerdings darüber, wird angenommen, dass er damit auch dealt - und das ist verboten und hat strafrechtliche Konsequenzen. Ich finde diese Regelung sehr vernünftig. Man nennt sie „Entkriminalisierung". Das ist etwas völlig anderes als „Legalisierung".

Und zum Dauerbrenner Cannabis: Seit vielen Jahren vertrete ich sehr klar die Auffassung, Cannabis gehöre wegen der medizinisch relevanten Wirkungen in die Hand des Arztes. Aber keinesfalls in die Hand eines Konzerns wie Philip Morris.

Zu dem Argument, Drogen habe es schon immer gegeben und Menschen hätten sozusagen ein Recht auf Rausch.

Harald Lesch ist populärer Professor[31] und ein ausgezeichneter „Erklärbär". Man sieht ihn oft in wissenschaftlichen TV-Sendungen, er macht das ganz hervorragend, finde ich. Im August/ September 2018 lief mit ihm die zweiteilige Sendereihe „Drogen - Eine Weltgeschichte. Zwischen Medizin und Missbrauch".

Weil ich ihn und seine Art sehr schätze, hätte ich mir gewünscht, er wäre bei seinen Leisten, der Physik, Astrophysik und der Naturphilosophie geblieben.

Ein Beispiel: zur Untermauerung der auch von ihm verbreiteten These, Drogen seien schon immer konsumiert worden, weist er auf den bekannten Fund kleiner Fläschchen hin, die wie nach unten hängende Samenkapseln des Schlafmohns aussehen. *„Manche besitzen zudem Linienornamente, die an Ritzungen an den Kapseln erinnern, die der Herstellung von Opium dienen. Deshalb könnten die Gefäße ein entsprechendes Pro-*

---

[31] Harald Lesch ist Professor für Physik an der Ludwig-Maximilians-Universität München und Lehrbeauftragter für Naturphilosophie an der Hochschule für Philosophie München.

dukt enthalten haben - so die bisherige Vermutung."[32] Die Gefäße stammen aus dem Mittelmeerraum und datieren auf die Zeit etwa um 1650 bis 1350 v. Chr. Professor Lesch schließt sich dieser Vermutung an und wertet das als Beleg für die bekannte These. Das kann man tun, muss man aber nicht, es kann durchaus anders gesehen werden. Denn bisher war es lediglich eine Vermutung, ein sicherer Untersuchungsbefund fehlte. Die zitierte Untersuchung der Universität von Jork[33] fand tatsächlich Spuren von Schlafmohn in einem der Gefäße: *„Doch was genau bedeutet das nun? Die Wissenschaftler betonen, dass trotz des Ergebnisses weiterhin unklar bleibt, was genau der Inhalt war und welchem Zweck er diente. Mit anderen Worten: Es muss sich nicht um eine berauschende oder betäubende Substanz gehandelt haben.* »Die Opiate könnten eine Zutat einer Mischung auf Ölbasis gewesen sein«, *sagt Smith. Auch leicht Opiat-Alkaloid-haltiges Mohnsamenöl für kosmetische Zwecke kommt in Frage. Außerdem geben die Forscher zu bedenken, dass es sich bisher um eine einzelne Flasche mit möglicherweise spezieller Geschichte handelt.* »Vielleicht enthielt sie zuerst Opium - wurde dann aber anschließend als Ölflasche weiterverwendet«, *veranschaulicht Smith die Möglichkeiten. Co-Autorin Rebecca Stacey vom British Museum ergänzt:* »Das Ergebnis wirft erneut viele Fragen über den Inhalt dieser Gefäße und ihren Zweck auf«."

Nein, es ist wirklich so: fast alle heute konsumierten Substanzen sind Erfindungen der letzten einhundert Jahre. Und sollte es tatsächlich ein „Recht auf Rausch" geben, so meine ich, dass man das vor dem Hintergrund der Zeit sehen sollte, in der der Mensch sich bewegt: Fiel in früheren Zeiten der Kut-

---

[32] https://www.wissenschaft.de/geschichte-archaeologie/war-das-ein-opium-flaeschchen vom 4. Oktober 2018

[33] Quelle: University of York, Analyst, doi: DOI:10.1039/C8AN01040D

scher wegen Trunkenheit vom Bock, war das sicher für ihn selbst und einen sehr begrenzten Personenkreis unvorteilhaft bis tragisch. Autofahrer, Maschinen- und Flugzeugführer, Tankerkapitäne und betrunkene oder durch sonstige Substanzen unzurechnungsfähige Verantwortliche haben im Zeitalter von dichter Besiedlung, Massenverkehr und Massenvernichtungswaffen nun wirklich ein ganz anderes Schadenspotenzial...

Zu dem Argument, man könne den illegalen Markt austrocknen, wenn man die Substanzen legalisiert.

Ich gebe zu, das ist mein Lieblingsargument.

Nehmen wir als Beispiel das Heroin, es steht für andere illegale Substanzen. Nun sagt man, Heroin und all das andere Zeugs würde nunmal konsumiert (stimmt), wäre heute an fast jeder Ecke zu bekommen (stimmt auch) und deshalb sei der Kampf gegen die Drogen sowieso verloren. Also solle man es der internationalen Drogenmafia so schwer wie möglich machen, mit den verbotenen Substanzen Geld zu verdienen - indem man ihr das Geschäft klaut.

Erstens:

Die Opioid-Krise in den USA zeigt, dass Heroinkonsum gar nicht lustig ist, zu einem ausgewachsenen Gesundheits- und Wirtschaftsproblem werden kann (Kokain ist es bereits). Deshalb ist es durchaus sinnvoll, die Zugriffsmöglichkeit zu diesen Stoffen so arg wie möglich zu begrenzen und zu erschweren. Das geht unter anderem auf der Basis gesetzlicher Regelungen. Werden die, wie üblich, unterlaufen, wäre es dennoch neu und überraschend, dass man den Kampf gegen ein Verbrechen durch Aufgeben gewinnen könnte und damit die Welt zu einem besseren Ort macht.

Zweitens:

Man sagt, wenn man die gleichen Suchtstoffe wie die Verbrechersyndikate anbietet, würde ihnen der finanzielle Hintergrund genommen, weil niemand mehr auf dem illegalen Markt kaufen müsse. Heroin sei dann ja auf Rezept oder so erhältlich (über die Modalitäten hat sich noch niemand genauer ausgelassen). Dieses Denkmodell ist entweder naiv oder unehrlich.

Lassen wir alle gesundheitlichen Bedenken, alle individuellen und gemeinschaftlichen Katastrophen, ethische und moralische Erwägungen, statistische und andere Schummeleien einmal weg und denken nur rein ökonomisch-wirtschaftlich.

Man stelle sich das mal vor: Da gibt es einen multinationalen Großkonzern, straff organisiert, dessen Macht und Einfluss bis weit in Wirtschafts- und Regierungskreise reicht. Der Umsatz dieses Konzerns ist unvorstellbar groß, die Gewinnmargen sind ebenso astronomisch. Er stellt her und vertreibt ein Produkt, das der erwähnte Selbstläufer mit hoher Kundenbindung ist: hat der Kunde erst einmal gekauft, bleibt ihm fast nichts anderes mehr übrig, als für einen Zeitraum von Jahren bis Jahrzehnten immer wieder zu kaufen. Dieser Konzern, manche nennen ihn Drogen-Mafia, hat weltweit ausgeklügelte Vertriebswege und eine perfekte Logistik, ist federführend im Bereich der organisierten Kriminalität und besticht nicht nur Zollbeamte vor Ort, sondern auch ganze Regierungen. Diesen höchst profitablen, gut organisierten und mächtigen Konzern wird ganz bestimmt nicht das große Zittern überkommen, wenn sich lokale Konkurrenz in Deutschland (oder anderswo) auftut. Selbst dann nicht, wenn von dem weltweit in die Millionen gehenden Kundenstamm einige Hundert oder auch einige Tausend vorübergehend abwandern sollten.

Und für diesen Fall kann ich mir auch überhaupt nicht vorstellen, dass die verantwortlichen Mafia-Bosse voller Trauer über den gelungenen gegnerischen Coup beschließen, der bundesdeutschen regierungsamtlichen Konkurrenz in Anerkennung ihrer fabelhaften Taktik das Feld zu überlassen.

Dieser Konzern ist kapitalistisch im niederträchtigsten Sinne. Man sagt, er sei skrupellos. Ich glaube, man kann getrost davon ausgehen, dass der Wille zur Gewinnmaximierung nicht nur der deutschen Niederlassung dieses Unternehmens übermächtig ist und man zum Resultat kommt, die paar Hundert oder erst recht Tausend verlorener Kunden seien ein paar zu viel.

Nur: dann vermag ich mir erst recht nicht vorzustellen, dass dieser Konzern sich zerknirscht aus dem deutschen Markt zurückzieht und den «legalen» das Feld überlässt.
Im Gegenteil.

Ein Prinzip selbst seriöser wirtschaftlicher Unternehmen ist - neben der Sicherung bestehender - die Erschließung neuer Märkte. Das hat man ja bereits ohne die Not wegbrechender Marktanteile mit der Entwicklung von Crack praktiziert. Für halbwegs gewiefte Chemiker dürfte es ein Kinderspiel sein - und die Finanzkraft unseres Konzerns müsste es gestatten, auf mehr als halbwegs gewiefte Fachleute zurückgreifen zu können - beispielsweise das Heroin-Molekül so zu verändern, dass neue, für den Kunden sicher interessante Eigenschaften dabei herauskommen. Die wären dann natürlich wieder illegal. Der Staat könnte sie dann vielleicht ebenfalls ins eigene Angebot aufnehmen...

Nicht nur mit Crack wurde das bereits durchexerziert, sondern auch mit interessanten Cannabisvarianten, die es derzeit zuhauf auf dem Markt gibt. Und in den USA hat die Legalisierung von Cannabis in einigen Staaten keineswegs zur Ausdünnung illegaler Pflanzungen geführt, sondern im Gegenteil, diese wurden ausgeweitet, um den jetzt gestiegenen Bedarf stillen zu können. Es ist nämlich gar nicht so einfach, Hanf wirtschaftlich anzupflanzen. Die Schädlingsbekämpfung stellt ein Problem dar (Umweltprobleme und Trinkwasserverseuchung eingeschlossen) und in Kalifornien müssen laut einem Gesetz, das im Juni 2017 verabschiedet wurde, Betreiber einer Hanfplantage jetzt offiziell Wasserrechte erwerben, um eine Anbaulizenz zu erhalten.

Zu dem Argument, man könne Steuereinnahmen für den Staat aus dem legalen Verkauf generieren und so die Staatsfinanzen aufstocken.

Zahlen. Man sagt, Zahlen seien objektiv und nutzt sie immer, um etwas hieb- und stichfest erscheinen zu lassen. Ich will jetzt gar nicht die Sache mit der Statistik anbringen, ich möchte einfach nur darauf hinweisen, man möge sich mal mit einem Buchhalter, besser noch einem Bilanzbuchhalter beraten und so erfahren, dass Zahlen zu den manipulierbarsten Dingen der Welt gehören.

Trotzdem kommt man natürlich nicht umhin, mit ihnen umzugehen, um etwas zu erreichen. Ich möchte mit den Zahlen erreichen, dass Sie sich vielleicht nicht mehr gar so sicher sind, dem „Steuereinnahmenargument" vorbehaltlos zu glauben.

Steuereinnahmen Tabak: Die Einnahmen aus der Tabaksteuer sind 2017 wieder leicht gestiegen und lagen bei rund 14,4 Milliarden Euro. Das ist gewaltig.

Steuereinnahmen Alkohol: jetzt wird's etwas unübersichtlich, weil wir in Deutschland erst ab dem 1. Januar 2018 eine Alkoholsteuer haben, davor waren es vier verschiedene Steuern (Branntweinsteuer, Biersteuer, Schaumweinsteuer, Zwischenerzeugnissteuer (z.B. Sherry) und die Alkopopsteuer. Bis auf die Biersteuer (Länder) gehen die Einnahmen an den Bund. Zusammengenommen darf man wohl für das Jahr 2013 eine

Gesamtsteuereinnahme von rund 4,5 Milliarden Euro annehmen[34].

Natürlich stehen Einnahmen immer auch Ausgaben gegenüber. Damit meine ich jetzt nicht so allgemeine Ausgaben für Brücken, die ins Leere führen, Hilfsfonds für Banken, die sich in Boni für Bankenchefs verwandeln oder die Ohrfeigen für die hauseigenen Fachleute in den Ministerien, externe Beraterverträge genannt, die allein im Verteidigungsministerium in den letzten Jahren nahezu 150 Millionen Euro pro Jahr ausgemacht haben - nein, ich meine den volkswirtschaftlichen Schaden, den Tabak und Alkohol pro Jahr in der Bundesrepublik anrichten. Denn das ist der Preis, den die Allgemeinheit zu zahlen hat.[35]
Und der ist gewaltig: rund 79 Milliarden Euro kosten tabakbezogene volkswirtschaftliche Verluste, 115 Milliarden Euro ist der Wert für alkoholbezogene Verluste. Andere legale und illegale Substanzen schlagen mit rund 200 Milliarden Euro jährlich zu Buche. Allein in der Bundesrepublik Deutschland. Die ungeheuren Kosten der Opioid-Krise in den USA übertreffen diese Summe um ein Vielfaches.

Woher die Vermutung einer positiven Bilanz durch den Verkauf weiterer schädigender Substanzen kommen soll, das erschließt sich mir nicht.

Und erfreulicherweise findet sich niemand, der argumentiert, dass staatliche oder privatwirtschaftliche Unternehmen ehrlicher und

---

[34] vergl. wikipedia.de und www.hotelier.de/lexikon/a/alkoholsteuer, 5. September 2018

[35] Selbstverständlich gibt es dazu eine Fülle unterschiedlicher Berechnungen, z.b. von der Deutschen Hauptstelle für Suchtfragen (gerne sehr niedrig), vom Institut für Therapieforschung, vom Deutschen Krebsforschungszentrum und von der WHO, um einige zu nennen. Die von mir genannten Zahlen liegen im oberen Drittel der errechneten Werte, sind also weder die niedrigste noch die höchste Berechnung.

wohlwollender mit ihren Kunden umgehen und ihnen ausschließlich die Gesundheit und das Wohlergehen und die Zufriedenheit dieser ihrer Kunden so weit am Herzen läge, dass sie auf Gewinnmargenoptimierung oder gar ganz auf solche verzichten würden.

Solch eine Argumentation hätte den deutlichen Ruch von Realitätsverlust, angesichts des Umgangs der Konzerne, der Werbeindustrie, der Politik mit Tabak, Alkohol, Tabletten, Umweltzerstörung, Autoabgasen und Bankenpleiten.

Suchtkrank ohne Substanzen?

Und die stoffungebundenen Süchte?

Dieser Definition/Verabredung stehe ich ziemlich kritisch gegenüber. Nicht nur, weil die Internationale Klassifikation der Krankheiten (ICD) der Weltgesundheitsorganisation (WHO) solche Abhängigkeitserkrankungen nicht kennt[36], sondern auch, weil ich mich entschieden gegen einen inflationären Gebrauch des Suchtbegriffes wehre: heutzutage muss man sich hüten, etwas mehrfach, womöglich immer wieder und immer wieder gerne, schlimmstenfalls mit einem Tick Euphorie zu tun, Geld und Zeit darin zu investieren und dabei Anderes zu vernachlässigen - schon wird man süchtig gesprochen. Auf diese Art werden Wissenschaftler, engagierte Journalisten und überhaupt jeder, der ein intensives Hobby betreibt oder „im Beruf seine Beru-

---

[36] Dies bezieht sich auf den derzeit aktuellen ICD 10. Angeblich solle in der Neufassung (ICD 11) „Computersucht" aufgenommen werden. Ob dies aber, sofern überhaupt, unter der Rubrik „Abhängigkeitserkrankungen" geschieht, ist zum Zeitpunkt des Druckes dieses Beitrages völlig offen. Heute bereits findet sich im ICD 10 der Begriff „Spielsucht". Er meint das „pathologische Spielen" und ist ausdrücklich *nicht* unter der Rubrik Suchterkrankungen zu finden, sondern wurde unter dem Kapitel „Persönlichkeitsstörungen" gelistet. Der Gebrauch des Begriffes „Spiel-SUCHT" verführt leider selbst Fachleute immer wieder zu der Annahme, dies sei eine Suchtkrankheit.

fung gefunden hat" zu einem kranken, behandlungsbedürftigen Menschen gemacht. Man nennt das Pathologisieren. Es ist absurd.

Ein paar Beispiele mit allem Ernst in der (Fach)Literatur erwähnter „Suchtkrankheiten", ohne Anspruch auf Vollständigkeit: die eben erwähnte Spielsucht, Kaufsucht, Gartenarbeitssucht, Sonnenbräunesucht, Lernsucht, Risikosucht, Mediensucht, Computersucht, Smartphonesucht, Beerdigungssucht, Kaffeesucht, Internetsurfensucht, Nicht-essen-Sucht, Jähzornsucht, Joggensucht, Reality-TV-Sucht, Lesesucht, Wissenssucht, Gesund-essen-Sucht, TV-Serien-Sucht, Sexsucht, Arbeitssucht, Telefoniersucht, Zuckersucht, Sport-treiben-Sucht, Trauer-um-Angehörigen-Sucht, Stresssucht.
(Anmerkung: Das alles sind Zuschreibungen für „die Masse". Ich hätte da mal eine Frage an die Wissenschaft und sonstige Entscheidungsträger, die sich die Definitionshoheit über den Suchtbegriff zuschreiben: Weshalb werden nicht die Begriffe Macht-Sucht und Gewinn-Sucht beispielsweise für manche Konzernlenker und Politiker eingeführt und wo bleibt der Begriff Glaubens-Sucht?)

Dazu kommt: Inflation entwertet. Das bedeutet, dass der wirklich behandlungsbedürftige, weil abhängig kranke Mensch, nicht mehr ernst genommen wird und seine schwere Krankheit zu einem alltäglichen Pipifax verkommt.

Diese fatale Tendenz, die Abhängigkeitserkrankung als fast normale Lebensform zu sehen („Jeder hat doch so seine Sucht, nicht wahr?!") und nicht als das, was sie ist: eine schwerwiegende chronische Erkrankung, die nicht nur den Betroffenen selbst, sondern auch sein gesamtes Umfeld betrifft und zudem noch schwer therapierbar ist, das hat zu den heute in der Therapie gebräuchlichen Denkstrukturen und modularen Behandlungssystemen geführt, die auf Masse ausgerichtet sind und eines, vielleicht das Entscheidende jeder modernen Therapie, nicht können: das Individuum in seinen einzigartigen Empfindungs- und Reaktionsmustern angemessen zu berücksichtigen.

Genau das aber macht unsere Methode, der wir den Namen QueoIntervention® gegeben haben: nichts von der Stange, keine Gruppen, kein künstliches Umfeld wie eine Klinik oder Reha-Einrichtung, sondern maximal individualisierte Intervention, ambulant, vor Ort beim Klienten, begleitend im realen Lebensumfeld. Wir sind damit sehr erfolgreich.

Ein unabdingbares „Werkzeug" dabei ist eine spezielle Form der Akupunktur.

1.3. Akupunktur

Akupunktur darf sich die am längsten bekannte und angewendete Form einer Therapie von somatischen, psychosomatischen und psychischen Störungen und Erkrankungen des Menschen nennen. Seit mehr als 3.000 Jahren schon stechen Heilkundige kleine spitze Gegenstände (heute sind's sehr feine Nadeln) an verschiedenen ausgesuchten Stellen in den Körper und erzielen damit Besserung, Linderung oder Heilung verschiedener Störungs- und Krankheitsbilder. Allein das schon ist bedeutsam, denn eine Methode, die über solch einen langen Zeitraum in unterschiedlichen Kulturen angewendet und weiterentwickelt wird - und nicht wegen erwiesener Wirkungslosigkeit in der Versenkung verschwunden ist - kann nicht Nichts taugen.

Heute nennt die WHO (Weltgesundheitsorganisation) 107 Indikationen für eine alleinige oder unterstützende Akupunkturbehandlung, die deutschen Krankenversicherer nennen ganze zwei. Die Suchtakupunktur ist nicht unter den beiden und das ist der Grund, weshalb ich nicht sagen kann, dass heutzutage die Behandlung einer Abhängigkeitserkrankung ohne Akupunktur ein Kunstfehler sei, es ist nur ein ganz normaler Fehler...den man erfreulicherweise korrigieren kann und sollte.

Wäre die Akupunktur eine Wundermedizin, würde ich sie nicht anwenden, weil ich nicht an Wunder glaube. Nein, Akupunktur hat eine Versagensquote - wie andere medizinische Interventionen auch. Sie wirkt nicht immer, nicht immer gleich und doch hinreichend oft erstaunlich gut und überzeugend.

Welche Faktoren bei der Behandlung der Abhängigkeitserkrankung eine entscheidende Rolle spielen, lesen Sie bitte im Abschnitt Suchtakupunktur nach, hier beschreibe ich zunächst eine grundsätzliche Vorstellung zur Wirkweise der Akupunktur.

Der Mensch als solcher: einmalig außergewöhnlich

Der Mensch ist eine bemerkenswerte Konstruktion. Er selbst in seiner Gesamtheit und sein Gehirn im Besonderen dürfen als die komplexesten und kompliziertesten Gebilde unserer Milchstraße bezeichnet werden.

Ein paar beeindruckende Zahlen:

Der Mensch besteht aus bis zu 100 x 1.000 Milliarden Zellen (100 Billionen).
Bis zu 200 Milliarden davon befinden sich im Gehirn.
Die Länge aller Nervenbahnen eines erwachsenen Menschen beträgt rund 5,8 Millionen Kilometer.
Die Nervensignalübertragung im Menschen geschieht elektrisch (Nervenfasern) und biochemisch (Synapsen). „In jedem Augenblick werden an Billiarden Synapsen unseres Gehirns chemische Signale erzeugt, die einzelnen Nervenzellen feuern dabei bis zu 1000 mal in der Sekunde. Mit jedem elektrischen Impuls schüttet eine Nervenzelle Neurotransmitter in den synaptischen Spalt aus und trägt so das Signal weiter. Sie hält dafür einen Vorrat an Neurotransmittern bereit, die in winzige Membranbläschen (Vesikel) verpackt sind und auf Kommando mit der äußeren Membran verschmelzen. Um aber Sinneswahrnehmungen und kognitive Vorgänge in ihrer ganzen Bandbreite zu ermöglichen, werden die einzelnen Nervenzellen von Hunderten Stromstößen pro Sekunde durchpulst. Sie müssen daher nicht nur in hohem Tempo Neurotransmitter ausschütten, sondern die Vesikel auch genauso schnell wieder recyceln."[37]

Das ist aber noch längst nicht alles: „Komplexe optische Reize wie etwa eine Situation während eines Fußballspiels kann ein Mensch innerhalb einiger hundert Millisekunden wahrnehmen und einschätzen. Eine Meisterleistung! Denn um diese Aufgabe zu bewältigen,

---

[37] Quelle: Forschungsverbund Berlin e.V. , Pressemitteilung vom 26.05.2015

müssen Millionen von Neuronen aus völlig verschiedenen und weit entfernten Bereichen des Gehirns zusammenarbeiten. Jede Nervenzelle empfängt dabei die elektrischen Signale von etwa 10.000 Nachbarn, wertet diese aus und leitet ein eigenes Signal weiter."[38]

Es würde viele Seiten füllen, die weiteren Bedingungen, Einschränkungen, Verteilungsvorgänge, Aktionen und Reaktionen in unserem Gehirn beschreiben zu wollen. Und das wären nur die, von denen wir einigermaßen sicher sind, sie zu kennen.

Die meisten Vorgänge unseres Gehirns sind uns bis heute ein Rätsel, wohlwollend gesagt: nichts Genaues weiß man nicht. Außer vielleicht, dass sämtliche Vorgänge im Menschen durch *Regelkreissysteme*[39] (sich selbst regulierende Systeme) gesteuert sind und eine der wichtigsten Voraussetzungen für die Gesundheit das *Gleichgewicht* dieser Regelkreise und die *Balance* sämtlicher Vorgänge im Menschen ist. Ein solcher Idealzustand wird auch durch die Definition des Begriffes „Gesundheit" durch die WHO beschrieben: *Gesundheit ist ein Zustand vollkommenen körperlichen, geistig-seelischen und sozialen Wohlbefindens und nicht nur die bloße Abwesenheit von Krankheit und Gebrechen.* Was mich regelmäßig zu der Bitte veranlasst: Wenn Sie einen der beiden Gesunden auf dieser Welt treffen, sagen Sie mir Bescheid, den möchte ich unbedingt kennenlernen.

Es darf inzwischen als gesichertes westlich-naturwissenschaftliches Wissen gelten, dass Krankheit, gleich welcher Art, ein *Ungleich-*

---

[38] Quelle: Max-Planck-Institut für Dynamik und Selbstorganisation, Informationsdienst Wissenschaft e. V., http://idw-online.de/de/news491902 vom 15.08.2012

[39] Wenn Sie Wasser für ein Bad in die Badewanne laufen lassen, nutzen Sie (hoffentlich) ein Regelkreissystem: Stöpsel in den Abfluss, sonst bleibt's trocken; Wasserhahn öffnen, sich mit dem Partner verquatschen und hoffen, dass der Überlauf frei ist. Falls nicht: entweder Stöpsel ziehen oder Wasserhahn zudrehen oder beides. Gegebenenfalls den Sollwert der Wassertemperatur kontrollieren, um Hummerfüße zu vermeiden. Sie sehen: erst wenn alle Parameter im ausbalanciertem Gleichgewicht sind, wird's ein harmonischer Abend.

gewicht (regulatorischer) elektro-biochemischer Mechanismen zugrunde liegt. Der Körper versucht natürlich, dem entgegenzusteuern, das energetische Gleichgewicht, die Balance, und damit die Gesundheit wieder herzustellen. Und genau hier setzt Akupunktur an.

Deshalb gibt einige Theorien, wie Akupunktur funktionieren könnte, aber schlüssiges sicheres Wissen - nein, davon sind wir noch weit entfernt, allen modernen Untersuchungsmethoden zum Trotz, leider.

Macht aber nichts. Hier gibt es nämlich kaum einen Unterschied zu den heute gebräuchlichen pharmakologischen Substanzen. Von vielen kennt die Wissenschaft (und übrigens auch der Hersteller) zwar die Theorie, wie sie auf der molekularen Ebene funktionieren sollten, ob das aber im Körper ganz genau so passiert, das weiß man nicht. Deshalb gibt es immer Nebenwirkungen, teils erwartete, teils überraschende; immer wieder stellt sich erst nach Monaten und Jahren heraus, was die betreffende Substanz auf Dauer im Körper anrichtet; selbst bei einfachen und bestuntersuchten Medikamenten wie dem Aspirin werden immer wieder neue, bislang unbekannte Wirkpunkte und Wirkungen im Körper entdeckt; manchmal sind Hersteller auch ehrlich (zumindest dann, wenn der juristische Rahmen zur Verschleierung bis zur Gänze ausgenutzt worden ist, was Jahre bis Jahrzehnte dauern kann und man inzwischen gutes Geld verdient hat) und schreiben in den Beipackzettel, dass man den genauen Wirkmechanismus der Substanz nicht kenne. Manchmal ist so etwas durchaus verblüffend, wenn - wie beispielsweise beim Ritalin - ein Stoff sich bereits mehr als sechzig (in Worten: 60!) Jahre auf dem Markt befindet und die finanziellen Forschungsmöglichkeiten der Pharmakonzerne eigentlich gewaltig sind.

Übrigens verriet mir vor gar nicht langer Zeit einmal eine Oberärztin (Fachärztin für Anästhesie), dass man zwar jede Menge praktische Erfahrung mit den heutigen Narkosemitteln habe und das Vorgehen als sicher gelte, man aber bislang nicht wüßte, was genau sich im Hirn abspielt und wie eine Narkose im Einzelnen ganz genau funktioniert.

Beschreiben wir also lieber, wie sich die Anwendung der Akupunktur von der Anwendung eines Pharmakons unterscheidet. Der Unterschied ist drastisch.

Pharmakon:

Ein Pharmakon ist eine chemische Substanz, die dem Körper zugeführt wird. In unserem Zusammenhang ist es ohne Belang, ob dies aus therapeutischen Gründen getan wird oder ob es sich um legale oder illegale Substanzen handelt - jedes Pharmakon ist eine biochemisch wirksame Substanz, die ein bestimmtes Wirkprofil hat. Wird die Substanz eingenommen oder sonstwie dem Körper des Menschen einverleibt, tut sie in der Regel das, was sie soll: entsprechend ihrem Profil wirksam werden. Einer konsumierten Substanz ist es dabei völlig egal, ob ihr Konsument krank ist oder nicht, ob männlich oder weiblich, alt oder jung, Spanier oder Chinese, ob sie illegal oder vom Arzt rezeptiert ist, ob sie einmalig genommen wird oder immer wieder, ob ihr Konsument abhängig krank werden wird, ob sie heilt, schädigt oder sogar tötet - sie wirkt. Einem Pharmakon ist sein Konsument herzlich egal.

Akupunktur:

Ganz anders die Akupunktur. Hier wird weder eine chemische Substanz zugeführt, noch sonst irgendetwas im Menschen zwangsweise und rücksichtslos verändert. Vereinfacht gesagt: Akupunktur hat die Aufgabe, dem Menschen dabei zu helfen, sich selbst zu helfen.

Akupunktur ist dabei ausgesprochen höflich und kooperativ und fragt (sinnbildlich gesprochen) beim Menschen an, was er denn in dieser seiner momentanen Situation brauchen könne. Beispiel: es gibt einen Punkt der gleichermaßen wirksam ist bei Durchfall und bei Verstopfung. Oder andere, die aufmuntern oder aber beruhigen können, je nachdem, was gerade notwendig ist, um das innere Gleichgewicht wiederzuerlangen.

Denn darum geht's ja: das *Gleichgewicht der regulatorischen Vorgänge wiederherzustellen* - und damit die Störung oder Krankheit zu lindern, zu bessern oder gar zu beseitigen. Aber nicht als von außen aufgezwungene Kraft, sondern durch Hilfe zur Selbsthilfe. Die Kräfte und Energien, die jedem Menschen innewohnen, solange er lebt, die werden aktiviert und gestärkt.

Deshalb hat Akupunktur auch so gut wie keine Nebenwirkungen, deshalb kann sie dem Menschen keinen Schaden zufügen (sie muss natürlich richtig angewendet werden, immerhin werden Nadeln in den Körper gestochen).

Und weiter:

Die moderne Pharmaindustrie hat entdeckt, dass es Menschen unterschiedlichen Geschlechts und unterschiedlichen Alters gibt. Diese Unterschiedlichkeit, so hat man in jüngster Zeit herausgefunden, macht sogar vor den eigenen Produkten nicht halt. Kinder reagieren anders auf viele Medikamente als Erwachsene, Frauen nochmal anders als andere Geschlechter. Alters- und genderspezifische Medikamente sollen entwickelt werden, so die Zukunftsvision. Ganz allgemein gehen die Hoffnungen hin zu einer „individualisierten Medizin": möglichst auf den individuellen Menschen und seine höchstpersönliche Biografie zugeschnitten, weil man erstaunt feststellen musste, dass es sogar bei gleichen Alters- und Geschlechtsgruppen unterschiedliche Reaktionen auf gleiche Substanzen gibt. Erst recht, wenn nicht nur ein Pharmakon geschluckt wird, nicht nur eine einzige Erkrankung vorliegt, sondern den Menschen mehrere Erkrankungen gleichzeitig getroffen haben. So ist es leider nicht die seltene Ausnahme, dass Patienten zehn und mehr unterschiedliche Medikamente gleichzeitig nehmen müssen, von denen immer einige die Nebenwirkungen der anderen mildern sollen. Jeder Arzt weiß, dass spätestens, wenn ein kranker Mensch mehr als drei Medikamente nehmen muss, es sehr unübersichtlich wird und niemand mehr ganz genau vorhersagen kann, wie dieser Cocktail letztlich wirkt. Man muss eben Erfahrungen sammeln, bei jedem Patienten neu.

Ich finde das übrigens völlig in Ordnung, eine ganze Reihe von Medikamenten sind ungemein segensreich und nicht mehr wegzudenken. Weil jeder Mensch sich vom anderen zumindest ein bisschen unterscheidet, kann es gut sein, dass auch die individuelle Persönlichkeit und das individuelle Lebensumfeld[40] einen mitunter wichtigen Einfluß auf die Wirkweise und Wirkintensität eines Pharmakons haben, erst recht, wenn nicht nur eines im Netzwerk Körper wirkt.

Es darf heute als Allgemeinwissen gelten, dass psychische Befindlichkeit, Ernährung, sozialer Status, Bewegungsmangel, Stressresistenz, Zukunftsangst, Bakterienbesiedlung und vieles Andere teils erhebliche Auswirkungen auf unseren Gesundheitszustand haben, körperlich wie psychisch, wenn man das mal so unterteilen will. Genau genommen müsste man als Arzt also laufend alle möglichen Daten erheben, sich die Patienten mindestens täglich anschauen, sie untersuchen, Wirkstoff-, Kombinations- und Dosisanpassungen vornehmen, um dem Menschen in seinen unterschiedlichen Zuständen wirklich gerecht werden zu können - nein, das geht natürlich nicht.

Wirklich nicht?

Doch, das geht. Nämlich dann, wenn ich nicht mehr (nur) von außen in das System Mensch eindringe, sondern die individuellen Kräfte nutze und stärke, die jedem Menschen innewohnen.

---

[40] Dazu gehören unter anderem: die sozialen Kontakte des Menschen, vornehmlich die realen; wie es in einer Partnerschaft läuft; ob man Arbeit hat, sich dort wohl fühlt oder arbeitslos ist; ob das Liebesleben erfüllend oder stressgeplagt ist; wie es um die aktuelle Gesundheit bestellt ist; auch die finanzielle Situation hat das Potenzial, auf Reaktionslagen des Körpers Einfluss zu nehmen; hat der Mensch Zukunftsängste oder Vertrauen in das, was kommt; lebt er dort, wo er auch mal zur Ruhe kommen kann oder an einer belebten Strasse mit Lastern im Schlafzimmer; u.v.a.

Es gibt sogar ein Medikament dafür, es heißt „Placebo"[41]. Das gibt es nicht nur zum einnehmen, sondern auch als operatives Verfahren. Man hat festgestellt, dass bestimmte „Schein-Operationen" (z.B. Meniskus-OPs) ein mindestens ebenso gutes Ergebnis wie „tatsächliche" Operationen haben, manche sind den echten sogar überlegen[42]...

Akupunktur macht genau das: entdeckt, entwickelt, fördert und stärkt die individuellen Kräfte des jeweiligen Menschen, legt Stärken frei und hilft so dem Individuum, sein ganz spezifisches Gleichgewicht der regulatorischen Vorgänge (wieder) herzustellen.

Deshalb ist Akupunktur maximal individuell, geschlechtsspezifisch und altersgerecht.
Deshalb ist sie so nachhaltig wirksam.

Ein Wort noch zu den Meridianen, die oft Probleme machen bei der Vorstellung, wie man denn über einzelne Punkte Einfluss auf komplexe Geschehen nehmen könnte.
Gehen wir, nach dem oben Gesagtem, davon aus, dass unseren Körper ein unglaubliches Netzwerk von Nervenfasern durchzieht, mit einer unendlichen Fülle von Rezeptoren, Messfühlern, Sensoren, Kabelsträngen, Verteilerstationen, Haupt- und Nebenleitungen, Knotenpunkten usw. - und alles steht irgendwie im Zusammenhang, keine Ecke dieses Geflechtes ist isoliert.

---

[41] Ein Placebo ist eine Zuckertablette ohne jeden Wirkstoff, die nur so aussieht, wie eine „richtige" Tablette.

[42] Eine gute Übersichtsarbeit zu Schein-Operationen hat Prof. Dr. Karin Meißner von der Hochschule Coburg im November 2018 veröffentlicht. An den Studien waren insgesamt 2000 Patienten mit unterschiedlichen chronischen Schmerzen - von Knie-, über Rückenproblemen bis hin zu Migräneattacken - beteiligt. Demnach profitieren die Patienten von einer tatsächlichen Operation bei chronischen Schmerzen nicht mehr oder weniger im direkten Vergleich zu einer Schein-OP. Allerdings ist immer zu berücksichtigen, dass keine „normale" OP völlig risikofrei ist. Quelle: Pressestelle der Hochschule Coburg, https://idw-online.de/de/news?print=1&id=705086, 01.11.2018

Denken wir einmal an unser Zuhause. Unsichtbar für uns durchziehen Kabelgeflechte unser Heim, unsere Straße, unsere Stadt und das ganze Land. Strom- und Gasleitungen beispielsweise, und das Internet braucht ebenfalls Kabel. Wir sehen die Leitungen selbst nicht, aber es gibt Stellen, an denen wir Einfluß nehmen können auf Teile oder das gesamte System. Zu Hause nennt man das Stecker, Schalter, Sicherungen. So können wir Licht und Elektroherde steuern, Heizungen und anderes, an der richtigen Stelle gedrückt können wir auch das ganze System lahmlegen - oder wieder zur Funktion bringen.

Aber die Meridiane sind doch gar keine Kabelstränge, jedenfalls hat man sie noch nicht gefunden?

Das stimmt.

Jedes der genannten Systeme, egal ob menschliche Nerven, Stromleitungen oder Internetkabel, hat etwas mit elektrischer und elektromagnetischer Energie zu tun, so sagt es jedenfalls der gegenwärtige Stand der Physikwissenschaft. Um diese Energie geht es. Wir wissen, dass sie auch unsichtbar und (meist) unspürbar transportiert und genutzt werden kann: wie sonst könnten wir mobil telefonieren und drahtlos im Internet surfen?!

Die Akupunkturpunkte sind diejenigen Zugangsstellen, an denen wir auf bestimmte Teile des Systems, auf Abschnitte oder auf das gesamte System Einfluß nehmen können.

Einige tausend Jahre Erfahrung haben uns diese Stellen im Körper und ihre Auswirkungen lernen lassen. Menschliche Erfahrungen. Nicht (möglicherweise auch interessengesteuerte) mathematisch-statistische Erhebungen. Keine Algorithmen. Sondern von Generation zu Generation weitergegebenes Wissen, gepaart mit der Offenheit für immer neue Erfahrungen. Akupunktur, so kann man sagen, hat eine lange Reifungszeit hinter sich. Unsere moderne Pharmakologie steckt, damit verglichen, gerade mal in den ersten Windeln...

Interessanterweise werden gerade in der jüngsten Zeit Zusammenhänge entdeckt, die unsere nicht-chinesischen Altvorderen bereits erkannt hatten und die irgendwie in Vergessenheit geraten sind oder schlicht als „Uninteressant. Was konnten die damals schon wissen?" abgetan wurde. Ein Fehler, wie man inzwischen sieht. Beispielsweise befand der griechische Arzt Hippokrates bereits vor mehr als 2.000 Jahren, dass der Ursprung aller Krankheiten im Darm läge. In dieser absoluten Form wahrscheinlich nicht ganz richtig, findet die moderne Medizin seit einigen Jahren allerdings immer engere Zusammenhänge zwischen Darm, Immunsystem, Hirn und Bakterien. Schritt für Schritt scheint die moderne westliche Naturwissenschaft das Jahrtausende alte Denken in Zusammenhängen westlicher und fernöstlicher Kulturen zu bestätigen: Der Mensch ist eine Einheit aus Körper, Geist und Psyche, ein unfassbar komplexes System, in dem streng organbezogenes Denken schlicht fehl am Platz ist und eine Störung an einer beliebigen Stelle stets Auswirkungen auf das Gesamtsystem hat - bei üblichen kleineren Störungen erfreulicherweise ohne weitere Konsequenzen für den Gesamtorganismus. Bei schwerwiegenden Störungen, wie der Abhängigkeitserkrankung, aber mit gravierenden Folgen für den Einzelnen und seine Umwelt.

Sucht-Akupunktur

Die moderne Sucht-Akupunktur ist eine Kombination aus bestimmten Ohrpunkten und Körperpunkten. Sie wurde in den 1980/90er Jahren entwickelt und zwar am Lincoln-Hospital in New York[43] und in der Reha-Klinik Agethorst[44], Schleswig-Holstein.

Das Erstaunliche: ausgenommen einen bestimmten Körperpunkt, handelt es sich um altbekannte und bewährte Akupunkturpunkte - die *Kombination* dieser Punkte ist das Entscheidende.

---

[43] Unter der Leitung des damaligen Chefarztes Michael Smith

[44] Unter der Leitung des damaligen Chefarztes Karsten Strauß

Michael Smith ist es gelungen, fünf Ohrpunkte so zu kombinieren, dass eine bis dahin nicht vorstellbare Wirkung erreicht werden konnte, Karsten Strauß hat die Ohrpunkte um eine Reihe von Körperpunkten ergänzt, die in dieser Kombination eine hervorragende Basis für eine tatsächlich dauerhaft erfolgreiche Intervention bei abhängig kranken Menschen darstellt.

Was macht Suchtakupunktur so wertvoll?

Erstens: es werden dem Körper keine weiteren Substanzen zugeführt.

Zweitens: sie hat keine Nebenwirkungen.

Drittens: sie wirkt nachhaltig, auch weit über das Ende der akuten Behandlung hinaus.

Viertens: sie ist im Prinzip eine Hilfe zur „Selbstreparatur", also der ideale Weg bei komplexen Systemen.

Fünftens: sie ist kostengünstig.

Und jetzt der Reihe nach:

- *Craving*
  Oben bereits beschrieben, ist das Craving, der Suchtdruck, eines der fürchterlichsten Phänomene der Suchtkrankheit. Dieser Zwang, immer weiter und immer wieder den Stoff konsumieren zu müssen, der krank macht und krank hält, dieser Zwang wird durch Suchtakupunktur entscheidend gemildert, manchmal verschwindet er sogar ganz. Vielleicht nicht nach der ersten Interventionssitzung, aber - je nach Substanz und individueller Biografie - in bemerkenswert kurzer Zeit. Und meist auch dauerhaft, dieser Zustand bleibt nach Beendigung der Therapie bestehen.
  Mit keiner anderen Interventionsform ist solch ein Ergebnis erreichbar.

Es hat sich gezeigt, dass dieser Effekt wohl wesentlich auf die fünf Ohrpunkte zurückzuführen ist.

- *Suchtakupunktur hat eine Substanz-un-spezifische Wirkung*
  Es ist für die Anwendung einer Akupunkturbehandlung zunächst nicht von ausschlaggebender Bedeutung, was der Klient konsumiert. Ob er Alkoholkrank ist, Benzodiazepinabhängig, ob er Heroin, Methadon oder sonstige Opiate konsumiert, ob Kokain, Amphetamine oder Crystal-Meth die Herrschaft über ihn hat, ob er alles zusammen und wild durcheinander konsumiert oder lediglich dem Nikotin unterliegt: Akupunktur wirkt.
  Weil sich die Substanzen aber natürlich sehr in ihrem Wirkspektrum unterscheiden, braucht man bestimmte Interventionsrichtungen, um eine Behandlung auch wirklich nachhaltig und effizient gestalten zu können. Das scheint die Domäne der Körperakupunktur zu sein.

- *Suchtakupunktur ist einsetzbar in Entzug, Reha und Prävention*
  Suchtakupunktur kann darüber hinaus bei der Reduktion von Beikonsum in Substitutionsprogrammen eingesetzt werden. Und sie ist wegen der Anti-Craving-Wirkung ein effizientes Mittel, um bereits bei ersten „Rückfallgedanken" schlimmeres zu verhindern.

- *Akupunktur öffnet den Menschen für weitere Interventionen*
  Hört sich banal an, ist aber das Gegenteil. Wenn Sie im folgenden Kapitel das Praxis-Beispiel 11 lesen, werden Sie verstehen: eine effizientere Methode, dem Menschen den Kontakt zu sich selbst zu erleichtern oder gar erst zu ermöglichen, ihn für sich selbst und den Therapeuten erreichbar und berührbar zu machen, ihm Wege zu ermöglichen, die durch innere Blockaden bislang verbaut waren - eine effizientere Methode dafür als die Akupunktur gibt es nicht, mir ist jedenfalls keine bekannt. Durch die emotionale Öffnung und Stabilisierung wird auch der Intellekt gefördert, das Verstehen, das Erkennen und das Verständnis, die Handlungsbereitschaft und die Handlungsfähigkeit.

Nicht nur psychotherapeutische Sucht-Interventionen profitieren von der Akupunktur, nahezu regelmäßig kann auch auf Begleiterkrankungen aus dem psychischen, psychosomatischen und somatischen Bereich positiv Einfluss genommen werden.

- *Akupunktur ermöglicht weitgehend ambulante Interventionen*
Keine Frage: für einen gewissen Zeitraum kann eine stationäre Behandlung in einer spezialisierten Klinik für den abhängig kranken Menschen sinnvoll sein. Besser aber ist, ihn so bald wie möglich aus dieser Käseglocke herauszuholen und unter realen Lebensbedingungen - mit seinen täglichen Anforderungen und Anfeindungen - das freie Leben zu trainieren und ihn erleben lassen, wie er die „normale" Welt sieht und erlebt und wie die Umwelt auf ihn reagiert. So können auch kritische Alltagssituationen durchlebt, umschifft oder bewältigt werden. Bisher stand diesem sinnvollen Vorgehen der Suchtdruck entgegen: einem solchen Zwang hatte kein abhängig Kranker etwas entgegen zu setzen. Die Reduktion des Craving ist ein Segen, denn nun ist die ambulante Intervention nicht nur möglich, sondern das Setting der Wahl. Dabei sind durch die nachhaltig stabilisierende Wirkung der Körperakupunktur sehr schnell längerfristige Behandlungsintervalle möglich, der Zeitaufwand für den Klienten verringert sich beträchtlich - und das bei bemerkenswerter Effizienz.
Nicht zu vergessen: eine solche ambulante Behandlung ist ungleich kostengünstiger als eine stationäre.

- *Akupunktur ist vielfach einsetzbar.*
Neben der Reduktion des Craving und der weiteren eben genannten Wirkungen, vermag die Körperakupunktur eine Fülle von Begleitsymptomen und korrespondierenden Beschwerden wirksam zu mildern oder zu beheben. Zum Beispiel: Krampfanfälle stoppen, die immunologische Lage des Menschen verbessern, Magen-Darm-Störungen mildern oder beheben, Schmerzen mildern oder beheben, depressive Verstimmungen regulieren und Depressio-

nen mildern, innere Unruhe (ein wichtiges Symptom) mildern, Schlafstörungen verringern, aggressive Tendenzen beruhigen und bei bestimmten (Psycho)Pharmaka ist eine Dosisreduktion möglich.

Akupunktur ist vielfältig einsetzbar und bleibt stets nebenwirkungsfrei - vorausgesetzt, man nadelt richtig und der manchmal zu spürende kleine Pieks beim Einstechen der Nadel wird nicht zu den Nebenwirkungen gezählt.

Ganz ehrlich: von einer solch umfassenden Chance, dem abhängig kranken Menschen helfen zu können, haben wir alle, die in diesem Bereich tätig sind, immer geträumt und - ebenfalls ganz ehrlich - eigentlich nie für möglich gehalten, dass so etwas real werden könnte. Und falls jemals doch, dann höchstens als Ergebnis der Forschungen der Pharma-Industrie.

Dass viertausend Jahre altes Wissen lediglich modifiziert und neu kombiniert werden musste - niemand hat das für möglich gehalten. Übrigens auch die Chinesen selbst nicht: wir hatten in meiner damaligen Klinik unter anderem Besuch von Chefärzten chinesischer Kliniken, die bei uns die Suchtakupunktur lernen wollten. Auf meine erstaunte Frage, wieso sie aus dem Mutterland der Akupunktur dafür nach Schleswig-Holstein reisten, war die entwaffnende Antwort: man kenne diese Kombinationen nicht und außerdem habe man keinerlei Erfahrung mit Suchtkrankheiten, weil diese in China über sehr lange Zeit per staatlichem Dekret nicht existent waren...

1.4. Wirksame Hilfe

QUEOINTERVENTION®
WESHALB DAS FUNKTIONIERT

Eigentlich ist das ganz einfach.

Unsere Methode „QueoIntervention" ist maximal individualisiert und findet ambulant im realen Lebensumfeld des Klienten statt. Wir begleiten sein Leben und gehen mit ihm zusammen den Weg aus seiner Störung, seinem Störungsmuster, seiner Krankheit. Nichts Normiertes, nichts Standardisiertes, nichts von der Stange und nichts, was in Nullkommanix erledigt sein muss. Sondern alles nur für diesen einen einzigartigen Menschen und seine spezielle Situation.

Was bedeutet „QueoIntervention®"?

„Queo" kommt aus dem Lateinischen und bedeutet so viel wie: „Ich bin in der Lage, etwas zu tun". „Intervention" bedeutet in unserem Zusammenhang so viel wie: „sich einmischen, eingreifen, etwas verändern".

Was ist anders?

Unser Gesundheitswesen ist in bemerkenswerter Weise durchstrukturiert. Kliniken und Reha- Einrichtungen auch im psychosomatischen/psychiatrischen Bereich arbeiten inzwischen konsequent mit wissenschaftlich fundierten, optimierten, normierten und qualitätsgesicherten Methoden und Modulen, dass man annehmen muss, die Erfolgsquote müsse bei nahezu 100% liegen.
Man weiß, dass das bei weitem nicht so ist.
Weshalb?

Unter anderem, weil der Denkansatz falsch ist: In einem solchen System wird versucht, den einzelnen Menschen ablauftauglich zu machen, zu standardisieren, ihn so zu formen, dass er möglichst reibungslos durch die bestehenden Strukturen geschleust werden kann, um ihm am Ende bescheinigen zu können, die Therapie erfolgreich durchlaufen zu haben. Sollten im Verlauf Anpassungsschwierigkeiten, womöglich Eigensinn/Besonderheiten/Individualitäten auftreten, ist der Patient wahlweise „nicht krankheitseinsichtig"/ „der Leidensdruck ist nicht hoch genug" oder beides zusammen.

Diesen Blödsinn machen wir nicht mit.

Wir versuchen nicht, den Klienten zu standardisieren, zu ent-individualisieren oder ihn für ein bestehendes System formgerecht zu kneten. Im Gegenteil: Jeder Mensch hat eine einmalige Biografie und genau so einmalig und individuell wird sein persönlicher weiterer Weg sein. Wir begleiten ihn dabei. Wir entdecken gemeinsam mit ihm, welche Dinge er im jeweiligen Moment in der Lage ist, zu tun (und welche nicht); wann welche Schritte Erfolg versprechend sind; mischen uns ein, wenn er sich vergaloppieren könnten und begleiten ihn dorthin, wo er sich wohl fühlt - manchmal ist das auch zufällig dort, wo die Norm ihn gerne sehen würde, wir schließen in dieser Beziehung gar nichts aus.

Wie geht so etwas?

Wenn wir mit einem Klienten zusammen arbeiten, kümmern wir uns ausschließlich um ihn. Ambulant, beim Klienten vor Ort. Keine Gruppensitzungen, keine Module, keine Stangenangebote. Nichts, was nicht ausschließlich für ihn persönlich auf Grund seiner Biografie und aktuellen persönlichen Situation entworfen wurde.

Wir haben Zeit. In der Regel dauert ein Termin zwei Stunden. Manchmal auch fünf. Das richtet sich nach den jeweiligen unterschiedlichen Ressourcen und Bedürfnissen.
Die Abstände der Termine schwanken zwischen beispielsweise einmal pro Woche und einmal im Vierteljahr. Auch das liegt am jeweiligen Klienten, an seinen Bedarfen, Bedürfnissen und an therapeutischen Notwendigkeiten.

Vorbedingungen?

Ja, zwei.
Erstens: Das Gefühl, dass sich an der jetzigen Situation irgendetwas ändern sollte.
Zweitens: Die Bereitschaft, sich akupunktieren zu lassen.
Mehr nicht.

Eckpunkte:

Ambulant vor Ort.
Speziell entwickelte Akupunktur.
Spezielles Coaching und Psychotherapie.
Ganzheitliches Problemverständnis.
Biografiegerechte Individualintervention ohne Dogmen.
Kooperation mit Ärzten/Therapeuten vor Ort.

Psychotherapie und mehr

Psychotherapie

...ist oft sinnvoll und notwendig. Es gibt eine Menge Psychotherapieschulen, Lehrmeinungen, Leitlinien, Handlungsempfehlungen. Aber was passt dem Klienten in der jeweiligen Situation, die auch von Woche zu Woche sich ändern kann? Das müssen wir herausfinden. Und gibt es wirklich „die eine" Vorgehensweise, die richtig ist? Vielleicht ist erst die Kombination verschiedener Ansätze das, was den Menschen wirklich weiter bringt in seinem Leben.

Coaching

...ist oft sinnvoll und notwendig. Zahlreicher noch als Psychotherapieschulen gibt es Coaching-Richtungen, banale und intelligente, sinnvolle und leere Worthülsen und jede Menge Lehrinstitute - solche, die gute Inhalte gut vermitteln und solche, die die Schreibweise

„Leerinstitut" verdienen. Es gibt eine Vielzahl an Büchern und Betroffenen-Ratgeber, manchmal von Betroffenen selbst geschrieben (oder sie haben schreiben lassen, je nach Promi-Status). Was passt zu dem Menschen in der jeweiligen Situation, was tut ihm gut und fördert ihn? Das müssen wir herausfinden und dabei auch berücksichtigen, dass sich die Bedarfe und Bedürfnisse mit jeder Situationsänderung ebenfalls verändern können.

Beratung

...ist oft sinnvoll und notwendig. Es beraten „Professionelle" beispielsweise in Kliniken, Suchtberatungsstellen, Familienberatungsstellen, Paarberatungsstellen usw. und wohl ebenso oft „Laien" (Familienangehörige, Freunde, Arbeitskollegen usw.). Man berät gerne Andere und erwartet, mindestens erhofft, dass sie diese Ratschläge annehmen. Tun sie aber nicht. Und erst dann, wenn wir selbst beraten werden, spüren wir, weshalb - diesmal wir selbst - das nicht tun: weil wir keinen ungebetenen Rat brauchen, weil er „klugscheißerisch" daherkommt, weil er theoretisches Blabla und in völliger Unkenntnis unserer ureigenen Wirklichkeit ist, weil er nicht auf unser spezifisches Bedürfnis abgestimmt ist und vielleicht auch, weil er uns einfach übergestülpt, statt mit uns erarbeitet worden ist.
Dieser letzte Punkt kann aber auch manchmal gut sein. Nämlich dann, wenn der Ratgeber einen biografiegerechten, situationsangemessenen, durchführbaren und sinnvollen Rat gibt, einen Weg zeigt, auf den der Klient in diesem Augenblick nicht gekommen ist oder gar nicht kommen konnte.

Zeit

All das können wir dadurch erreichen, dass wir mit dem scheinbar kostbarsten Gut der modernen Welt verschwenderisch umgehen: Zeit. Zeit zum Zuhören und Hinschauen, Zeit zum Spüren und Erleben, Zeit für eine Akupunktur. Zwei Stunden reden und gehört werden, Erfahrungen sammeln und mit sich selbst in Kontakt kommen, Probleme wälzen und Lösungen erarbeiten, Neues entdecken und Manches in neuem Licht sehen, alle Aspekte des persönlichen und sozialen Lebens beleuchten können, dorthin schauen, wo es schön ist und dorthin, wo es weh tun kann - zwei Stunden sind dafür sehr häufig genau richtig, sie wahren die Balance zwischen Ausdauer und Überforderung. Natürlich müssen diese zwei Stunden wiederholt werden. Wie oft das sinnvoll ist, auch das lässt sich nie vorhersagen, es wird von Zeitpunkt zu Zeitpunkt erarbeitet.

Effizienz

...ist ein großartiges Prinzip. Es bedeutet: mit geringstmöglichem Aufwand größtmöglichen Erfolg zu erwirtschaften. Erstaunlich: indem wir diese oben genannte Zeit investieren, in den Menschen investieren, schaffen wir Effizienz.

Dazu gehört allerdings unabdingbar die zweite Komponente, die Akupunktur. Erst diese Kombination, so die Erfahrung, ermöglicht es dem Menschen, die Zeit wirklich effektiv nutzen zu können. Akupunktur ist der Schlüssel, der die Türen zu sich selbst, zu seinen Emotionen, Gedanken, Empfindungen, Wahrnehmungen zu öffnen in der Lage ist - ohne dass, wie bei Psychopharmaka, ein chemisches Korsett „das Selbst" wie Krücken stützt, oder es sogar ersetzt.

Und weil der Mensch aus sich selbst heraus „sich freischwimmt", Regelkreise wieder ins Lot kommen und ausgewogen arbeiten können ohne chemische Einrüstung von außen, ein gesundes Gleichgewicht wieder erreicht wird, deshalb bleiben die Gesundungsprozesse so stabil, langzeitstabil, und werden im Laufe der Zeit immer resistenter gegen bekannte und auch unbekannte Störungsgrößen.

Individualisieren

Um uns herum passieren erstaunliche Dinge. In nahezu allen Bereichen, namentlich in der Medizin, wird in den letzten Jahren „das Individuum" beschworen. Jede Technik, jedes Auto, jeder Bürostuhl und jede Socke dient der eigenen Identität, die sexuelle Orientierung sowieso und die Pharmaindustrie propagiert die gendergerechte und individualisierte Medizin. Gleichzeitig werden immer neue Krankheitsbilder und Störungsmuster „entdeckt" und festgelegt (z.B. ADHS auch im Erwachsenenalter, Traumata, Burnout, Streß allerorten, Depressionen sind eine Volkskrankheit und Sucht ist längst ein Alltagsgeschäft geworden), neue Grenzwerte werden bestimmt (Blutdruck, Cholesterin, BMI) und immer genauer wissen wir, was der Mensch essen soll und was nicht, wie er atmen soll und wie nicht, wie und wann er sich bewegen soll und wie und wann nicht, wie sein Körper und seine Psyche zu funktionieren haben - und wie nicht. Mithin: wir setzen Standards (standardisieren), geben Normen vor (normieren), wir erlassen Regeln (regulieren).

Ist das wirklich unser Ernst? Standardisieren plus Normieren plus Regulieren = Individualisieren?

Was kann man tun? Was kann funktionieren? Was ist effizient?

Es hilft sicher nicht, diese Fehlentwicklungen zu ignorieren oder zu leugnen. Man muss anerkennen, dass es sie gibt, sie sind nunmal überall verbreitet und „Standard". Aber man kann sie ergänzen.

In der Praxis könnte das zum Beispiel so aussehen:
Fragt ein Klient danach, was „man" bei seinem Störungsmuster oder seiner Krankheit (wie reden hier nicht nur, aber in erster Linie über psychische Störungen) wohl machen könne, welche Therapie, Hilfe oder Intervention vielleicht bekannt und bewährt wäre, so kann man ihm antworten, dass die Wissenschaft dazu sicher einiges zu sagen weiß, aber die Wissenschaft ihn persönlich nunmal nicht kenne. Und man deshalb das, was ihm in seiner einzigartigen biografischen Situation nützlich ist und weiter bringt, zusammen herausfinden wird - und sich dann gegebenenfalls auch der Wissenschaft bedienen wird oder sonstiger vorhandener und in anderen Fällen bewährter Hilfsmittel. Aber erst dann.

Reinhard K. Sprenger darf wohl mit Recht als profiliertester deutscher Unternehmensberater bezeichnet werden. Er studierte Philosophie, Psychologie, Betriebswirtschaft, Geschichte und Sport, ist promovierter Philosoph und naturgemäß auch Rockmusiker - weil er mit seinen Theorien und Thesen in seinen zahlreichen Bestseller-Veröffentlichungen den Mainstream oft gehörig gegen den Strich bürstet. Er sagte einmal: „Wer nicht vom Weg abkommt, bleibt auf der Strecke." Und ergänzte: „Standardwege führen zu Standardergebnissen." Man sollte darüber zweimal nachdenken, wenn man bemerkt, dass Standardwege in eine Drehtür führen.

Dietrich Mateschitz ist Red Bull - Gründer und Milliardär. Er ist ein wenig umstritten, sagt man. Man sagt auch, das Folgende habe er einmal gesagt: „Wenn man Dinge gut machen will, heißt das, dass man sie differenziert, kreativ, intelligent, unterhaltsam, aufregend machen sollte." Weshalb sollte das nur für ein koffeinhaltiges Brausegetränk gelten und nicht auch für zwischenmenschliche Beziehungen, selbst dann, wenn sie therapeutischen Charakter haben?

1.5. Praxis

Kaum etwas macht mehr Freude, als Erfolge in und mit seiner Arbeit erzielen zu können, erst recht, wenn sie den Menschen aus einer schier ausweglosen, fürchterlichen Situation befreit.

„Neee, das wirkt unglaubwürdig. Zu glatt, zu erfolgreich." Als gelernte Journalistin und Medizinredakteurin versteht Marina etwas von der Materie. „Mehr Details, mach's menschlicher…".

Erfreulicherweise war sie meiner Bitte, einmal über das Manuskript dieses Buches zu schauen, gerne nachgekommen. Und sie hatte durchaus etwas zu beanstanden.

Deshalb an dieser Stelle eine kurze Erläuterung: Die genannten Beispiele sind authentisch. Nichts daran ist getürkt, nur die Namen und bestimmte Umstände sind so geändert, dass keine Rückschlüsse auf die tatsächlich lebenden Personen möglich sind. Mir kommt es dabei nicht auf die Darstellung oder Beschreibung der Interventionsformen an, die wir eingesetzt haben und wie wir beim jeweiligen Klienten in den unterschiedlichen Lebenssituationen vorgegangen sind. Bei solch einer langfristigen und umfassenden Begleitung einer schwierigen Erkrankung wäre jedes Einzelschicksal buchfüllend. Mir ist es vielmehr wichtig zu zeigen, wie viele unterschiedliche Ausgangslagen, Bedingungen, Konstellationen und Entwicklungen bei der Abhängigkeitserkrankung möglich sind - und dennoch erfolgreich abgeschlossen werden können.

Aber Marina hat natürlich auch recht. Deshalb habe ich den ursprünglich elf Beispielen ein zwölftes aus meiner Praxis angefügt. Eines, auf das ich nicht stolz bin, ein Beispiel für ein schmerzliches

Scheitern und einen Fehler, den ich nie wiederholt habe.

1. BERND

Eine Führungskraft in einem Unternehmen, Mitte 50. Wir nennen ihn Bernd.

Bernds Geschichte spiegelt einen - wie ich zu behaupten wage - nicht unerheblichen Teil Realität in deutschen und auch internationalen Unternehmen wider, der gerne unbeachtet und unbemerkt bleibt, obwohl es beispielsweise um die meistkonsumierte illegale Substanz überhaupt geht: Kokain.

Einem beleibten Mittfünfziger in Führungsposition eines auch international gut aufgestellten Unternehmens traut man höchstens ungesunden Alkoholkonsum zu, aber nicht exzessiven Umgang mit Psychostimulanzien. Das kann ein Fehler sein...

Bernd ist Geschäftsführer eines mittelständischen deutschen Unternehmens mit internationaler Verflechtung, auch in chinesische und russische Märkte.

Er führt dieses Unternehmen schon eine Reihe von Jahren sehr erfolgreich, was sich an den ausgezeichneten Bilanzen ablesen lässt. Er verdient selbstverständlich sehr gut, hat eine bezaubernde Frau, beste Verbindungen, Reputation - was will man mehr? Zum Beispiel einen Konkurrenten schlucken. So etwas konnte schon immer in einen anstrengenden Prozess ausarten. Insbesondere, wenn es durchaus sportlich zugehen soll: die Übernahme wird die weltweite Marktführerschaft in einem bestimmten Segment bringen, hat ein Investitionsvolumen von rund 100 Mio., es hängen allein in Deutschland über 300 Arbeitsplätze daran und noch einiges mehr. Zum Beispiel soll das die vorläufige Krönung von Bernds Karriere sein, sein Aushängeschild bei Unternehmen und Banken werden, vielleicht für eine weitere Veränderung.

Bernd ist kein Anfänger. Er weiß um die Notwendigkeit sorgfältiger intensiver Vorbereitungen, er weiß, dass er seine ganze Kraft dafür braucht. Und er weiß auch, dass dazu seine Gesundheit und seine Fitness gehören. Deshalb legt er zwar Wert auf gutes Essen, was man ihm auch ansieht, hält sich aber mit Alkohol sehr stringent zurück. Nicht zuletzt, weil er bei seinen russischen Geschäftspartnern schon öfter an deren Liebe zum Wodka verzweifelt ist.

5 Jahre vorher.

Anfang Fünfzig ist kein Alter. Das weiß Bernd. Aber auch keine Jugend. Das weiß er auch. Deshalb ärgert es ihn zwar, aber er ist auch nicht sonderlich überrascht, als er in Zeiten intensivster Arbeit ein Nachlassen seiner Leistungsfähigkeit bemerkt. Er ist schneller müde. Manches strengt ihn an. Manchmal kann er sich nicht so lange und so intensiv konzentrieren, wie er das für nötig befindet. Nicht, dass ihn das wirklich beunruhigen würde, etwa in die Richtung, dass er seinen Job nicht mehr schaffen könne, aber er findet das irgendwie doof. Er sähe sich gerne anders, etwas taffer, leistungsfähiger. Er beklagt sich nicht, aber er spricht darüber gelegentlich mal mit einem Freund, wie man das eben so macht.

Der Freund ist ein guter Freund. So sieht's jedenfalls für Bernd aus. Denn der hat eine Idee, eine Lösung sogar möglicherweise, die er selbst schon ausprobiert hat. Nichts traditionelles, konventionelles, das würde sich in dieser Klasse auch nicht anbieten, sondern einen Top-Dienstleister. Vielleicht ein bisschen jenseits vom Üblichen, dafür 100% zuverlässig und treu. Er selber vertraue seit Jahren darauf, sagt der Freund. Bernd hat nie etwas wirklich auffälliges an seinem Freund bemerkt und lässt sich zu einem Versuch überreden, damit er die Wirkung am eigenen Leibe erfahren könne. Zwar hält er eigentlich gar nichts von Kokain, hat viele schlimme Geschichten darüber im Kopf, aber wenn sein Freund das schon seit Jahren nimmt, erfolgreich, geschätzt, agil und ansonsten unauffällig ist - das macht neugierig und kann offenbar nicht so schädlich sein, wie immer getan wird...

Ende Rückblende.

Jetzt also steht diese Übernahme an, das Riesenprojekt, und Bernd ist seit fünf Jahren auf Koks. Immer „im Rahmen", aber Kokain lässt einen nicht mehr los, hat längst die heimliche Herrschaft übernommen. Neben der Leistungssteigerung hat es auch angenehme sexuell stimulierende Effekte, seine Frau weiß um seinen Konsum, sie ist aber die Einzige - der Freund ist im Laufe der Jahre irgendwo verschollen. Natürlich sind inzwischen Benzodiazepine dazu gekommen, ein probates und oft notwendiges Mittel, um den Koks-Höhenflug zu limitieren und die angespannten Nerven wieder zu beruhigen.

Die Arbeitsbelastungen und der Kokainkonsum steigen. Seine Frau reagiert gereizt. Es kommt vor, dass Bernd zu den Meetings fliegt, aber dort nicht oder nicht wirklich auftaucht, weil sein Konsum überhand nimmt. Das Übernahmeprojekt ist massiv gefährdet und damit alles, was daran hängt: Investitionen, Arbeitsplätze, Bankenvertrauen, persönliche Reputation...

In dieser brisanten Situation kommen wir in Kontakt mit Bernd. Es habe, wie er und seine Frau sagen, nur eine einzige, diese eine Chance. Ein stationärer Aufenthalt ist ausgeschlossen zum aktuellen Zeitpunkt und die Zeit drängt, irgendwann müssen die Verhandlungen abgeschlossen sein. Wir arbeiten intensiv zusammen, anfangs mit wöchentlichen Terminen. Die Akupunktur wirkt schnell und nachhaltig, wir schaffen es in erstaunlich kurzer Zeit, eine zunächst etwas fragile, aber dennoch tragfähige Lebens-Stabilität herzustellen.

Ein gutes Jahr später ist sein Projekt erfolgreich beendet, Bernd konsumiert nicht mehr, die Ehe und die Reputation sind gerettet. Wir wissen, dass Bernd dauerhaft konsumfrei ist.

2. ANDREA

Eine junge ärztliche Kollegin. Wir nennen sie Andrea.

Andrea stammt aus einer alteingesessenen Arztfamilie. Sicher auch deshalb, vor allem aber aus Leidenschaft für den ärztlichen Aufgabenbereich ist das Berufsziel klar.

Bekanntermaßen kann man ein Medizinstudium nicht einfach „absitzen" und schon vor der Immatrikulation ist Leistungsvermögen gefragt. Andrea fällt das Lernen relativ leicht und so erreicht sie ein Einser-Abitur mit überschaubarem Aufwand. Was ihr erst später auffällt: damit schraubt sie ihre eigenen und die Erwartungen der Anderen ziemlich hoch.

Andrea ist ein Sonnenschein: gut aussehend und immer ein sympathisches Lächeln in den Mundwinkeln, sanft und immer bereit, zuzuhören. Und sie ist stets geneigt, das zu tun, was andere - zumal so genannte Autoritäten - ihr sagen. Diese Eigenschaften, zusammen mit ihrer Intelligenz/Lernfähigkeit, lassen sie das Studium sehr erfolgreich durchlaufen. Und selbstverständlich fallen Examen und Promotion fast zeitgleich zusammen.

So ungefähr in diesem Zeitraum fällt auch die Begegnung mit einem ihr bis dahin unbekannten, zumindest nicht bewussten Phänomen: Leistungsgrenzen. Ein unangenehmes Gefühl. Eines, das sie für sich gar nicht mag. Und auf keinen Fall nach außen sichtbar werden lassen möchte: ihre Umgebung hat ein bestimmtes Bild von ihr, die Facharztausbildung steht an und schwächeln kann hier durchaus negative Folgen haben. Zumindest ist sie dieser Überzeugung.

In Kliniken wird jungen Ärzten eine Menge abverlangt. Andrea powert seit ihrer Schulzeit nahezu ununterbrochen. Sie will es so. Und es wird von ihr erwartet: Abstriche in als höchst positiv bewerteten Bildern nimmt niemand gerne hin. Wer möchte schon sich selbst und andere enttäuschen? Aber sie spürt, dass das Errichten und Pflegen von Fassaden immer anstrengender wird.

Als Ärztin kennt Andrea sich aus. Glaubt sie zumindest. Benzodiazepine (Valium®, Tavor® u.v.a) gelten als gute „Entstresser", haben aber bekanntermaßen die unangenehme Eigenschaft, eine Abhängigkeitserkrankung erzeugen zu können. Diese Nebenwirkung wird neueren Substanzen, den so genanten Z-Drugs (Stilnox®, Zoldem®), nur in vermindertem Maße zugeschrieben (der Praktiker weiß: stimmt nicht).

In der Tat wird Andrea unter dieser Medikation wieder belastbarer. Eigentlich jetzt erst bemerkt sie eine weitere veränderte Verhaltensweise an sich: seit einiger Zeit trinkt sie abends öfter und öfter mal etwas mehr. Kein Alkoholkonsum, der besorgniserregend sein müsste, aber doch schon etwas auffällig, findet sie.

Sie ist beunruhigt. In Zeiten von Normierung durch Selbstoptimierung sieht sie bei sich mindestens zwei negative Abweichungen. Allerdings gelingt es ihr nicht, daran in gewünschtem Umfang etwas zu ändern. Eher im Gegenteil: je mehr sie sich mit diesen „Schwächen" beschäftigt, desto größeres Gewicht bekommen die und werden schließlich bedrohlich. Sie sucht eine psychiatrische Kollegin auf.

Dummerweise kommt jetzt ein weit verbreiteter Reflex zur Anwendung: werden potenziell abhängig krank machende Substanzen konsumiert, ist die Diagnose „Abhängigkeitserkrankung" vorprogrammiert, unabhängig vom tatsächlichen Status. Andrea begibt sich auf ärztliches Anraten in eine Entzugsklinik mit anschließender Reha. Zu allem Überfluss wird auch noch eine weitere (vermeintliche) Erkrankung diagnostiziert, die die Einnahme des Medikamentes Lyrica® nach sich zieht - was unter anderem deshalb unverständlich ist, weil auch hier eine Potenz zur Abhängigkeitserkrankung vorhanden ist.

Andrea ist leidenschaftliche Ärztin. Sie lebt für ihren Beruf. Man rät ihr dringend, den aufzugeben, hauptsächlich wegen der Griffnähe zu suchtpotenten Substanzen. Andrea folgt dem Rat. Sie arbeitet berufsfremd. Sie ist todunglücklich und an ihrem Konsumverhalten hat sich nichts geändert...

Ein Jahr später ist Andrea substanzkonsumfrei und glücklich arbeitende Ärztin. Wir haben in diesem speziellen Fall das komplexe Störungsmuster entwirren können: Andrea war gar nicht abhängig krank, vielleicht auf dem Weg dorthin. Und sie hatte erhebliche psychische Probleme, aber (noch) keine schwerwiegende psychische Erkrankung. Sie hat verstanden, dass sie die Substanzen als Neuroenhancer eingesetzt hat, um ein vermeintliches Leistungsdefizit auszugleichen. Man muss leider davon ausgehen, dass bei fortgesetzter suboptimaler Behandlung sich wohl beide Erkrankungen in absehbarer Zeit manifestiert hätten.

Wir wissen, dass Andrea dauerhaft konsumfrei ist, als begeisterte und begeisternde Ärztin arbeitet und inzwischen eine glückliche Partnerschaft lebt.

3. OLIVER

Eine Führungspersönlichkeit mittleren Alters. Wir nennen ihn Oliver.

Oliver hat eine beeindruckende Karriere gemacht. Zunächst handwerklich ausgebildet, hat er Betriebswirtschaft studiert und sich in einem Baukonzern bis fast an die Spitze hochgearbeitet. Seine Expertise ist inzwischen auch bei strategischen Entscheidungen gefragt. Einen Acht-Stunden-Tag kennt er schon lange nicht mehr. Weil er seine Arbeit ausgesprochen gerne tut, stört ihn das auch nicht, fast könnte man sagen, eher im Gegenteil: er ist stolz auf das Erreichte und empfindet keineswegs das, was gerne „Stress" genannt wird.

Es geht ihm gut. Eigentlich sogar sehr gut, er ist körperlich fit und gesund, er verdient gut und die gelegentlichen kleinen Zwistigkeiten mit seiner Partnerin gehören für ihn einfach zu einer guten Ehe dazu.

Wie das Leben manchmal so ist: wenn's kommt, kommt's dicke. Und erwischt einen auch noch auf dem falschen Fuß.

Bei Oliver lief das so: Irgendwann bemerkte er, dass die Zwistigkeiten mit seiner Partnerin einen anderen, ernsthafteren Charakter bekamen. Und er merkte, dass seine Lösungsstrategien nicht die gewünschte Resonanz fanden. Das irritierte ihn. Mehr noch: die Situation machte ihn etwas unsicher. Und das irritierte ihn jetzt erst recht. Er empfand dieses Gefühl der Unsicherheit als unangenehm, störend, merkwürdig, nicht zu ihm passend und außerdem nervte es ihn, weil das Geschäftsleben auch nicht immer glatt läuft und gerade die Vorbereitungen für durchaus wichtige strategische Entscheidungen im Unternehmen anliefen. Da brauchte er seinen klaren Kopf. Nicht, dass er wirkliche Angst gehabt hätte, dass es um diesen (seinen) Kopf im Unternehmen gehen könnte, ganz bestimmt nicht, dazu war er eine zu feste Größe, aber... Er lebte schließlich nicht in einer anderen Galaxie und wußte, dass bereits in Zeiten stagnierenden Wachstums in manchen Unternehmen personelle Rochaden eine Option sein können. Nicht in seinem Unternehmen, vermutete er, aber...

Er fühlte sich nicht mehr so ganz wohl. Nicht in seiner Haut und auch nicht körperlich. Seiner Frau erzählte er nichts von seiner Firma, das ging aus seiner Sicht in dieser etwas angespannten Lage einfach nicht. Außerdem vermutete er einen grippalen Infekt. Er hoffte, dass es nur ein grippaler Infekt sein möge. Er ging zum Arzt. Er möge ihm etwas verschreiben, damit er wieder fit und leistungsfähig sei und diese blöde Grippe schnellstmöglich wegginge, bat er den Arzt, er könne auf gar keinen Fall momentan in der Firma ausfallen, auch nicht für einen Tag.

Ein guter Arzt macht sich ein Bild von seinem Patienten und das war wohl ein guter Arzt. Vor allem: er hat zugehört. Und auf einmal bemerkte Oliver, dass er seinem Arzt seine ganzen Belastungen auf den Tisch legte. Viel zu viel Stress, diagnostizierte der Arzt und in der bestimmt guten Absicht, seinem Patienten zu helfen, ihn wieder fit zu machen, um ihn keinem größeren Risiko auszusetzen, bot er ihm einen Entstressor an, der bei kurzzeitigem Gebrauch ziemlich gut funktioniere und angesichts seines sonstigen guten Gesundheitszustands auch keine ernsthaften Nebenwirkungen habe: ein Benzodiazepin. Oliver überlegte nur kurz. Er war sehr erleichtert: Nur mal ein paar Tabletten einnehmen, ohne Nebenwirkungen, und die Sache wäre wieder im Lot - derart pragmatisch-flotte Lösungen mochte er. Und der Erfolg bestätigte ihn: sehr schnell wurde er ruhiger, besser gelaunt, die Grippe schien wie weggeblasen und irgendwie ging alles leichter...

Über die Jahre hat Oliver immer wieder versucht, ohne Medikamente auszukommen, vielfach den Arzt gewechselt und als Privatpatient/Barzahler gab es keinerlei Schwierigkeiten, an die gewünschten Tabletten zu kommen. Er hat mehrfach die Firma gewechselt, ist umgezogen und ihm war schon länger bewusst, dass er abhängig krank war und das nicht ewig so weitergehen würde. Aber erst, als ihm seine neue Partnerin deutlich machte, dass sie nicht die zweite Geige nach seinen Pillen spielen und ihn endlich auch mal wirklich kennenlernen wolle, nämlich so, wie er ohne die Medikamente ist, erst da wurde ihm bewusst, dass er etwas ändern müsse...

Nach anderthalb Jahren ambulanter Intervention in sehr unterschiedlicher Betreuungsdichte ist Oliver heute in einer guten Position, substanzkonsumfrei, fühlt sich sehr wohl in seiner Haut und lebt eine liebevolle Partnerschaft.

4. SABINE

Als wir uns kennenlernen ist Sabine Anfang 30 und trinkt seit 15 Jahren. Die Vermutung, dass so etwas nur in sozial schwachen Kreisen passieren könnte, ist falsch. Sabine hat einen medizinischen Beruf, den sie schon seit Jahren nicht mehr ausübt, nicht mehr ausüben kann, obwohl er ihr immer Freude und Befriedigung gegeben hat: der Alkohol hat sie aus ihrem Job katapultiert. Kein Wunder bei fast einer Flasche Wodka am Tag, der mit Sekt hinuntergespült wird.

Sie hat großes Glück. Die finanziellen Möglichkeiten ihrer Familie verhindern einen sozialen Abstieg, spannen ein Netz aus Entzugsbehandlungen, Therapien und Nachsorgemaßnahmen. Jetzt aber verliert dieses Netz an Spannkraft. Die Beteiligten beginnen, die Geduld mit Sabine zu verlieren, genau genommen verstehen sie die Welt nicht mehr.

Man kann das verstehen.

Selbst gestandenen Profis der therapeutischen Seite fällt es manchmal schwer zu akzeptieren, dass Alkoholabhängigkeit eine schwere Erkrankung ist. Und dass man mit Krankheit nicht einfach aufhören kann, wenn man keinen Bock mehr auf sie hat.

Ein abhängig kranker Mensch hat eigentlich auch keinen Bock auf seine Krankheit. Aber die Abhängigkeitserkrankung hat einige Besonderheiten. Eine davon, Sie erinnern sich, ist diese: Während eine „normale" Krankheit regelmäßig Abwehrmechanismen im Menschen in Gang setzt, durch Medikamente oder Operationen beeinflussbar oder heilbar ist und eigentlich immer den Wunsch nach Besserung und Genesung auslöst, macht die Suchtkrankheit etwas anders: sie erzeugt gnadenloses Verlangen nach dem Stoff, der krank macht und krank hält. Man nennt das Craving, Suchtdruck oder auch Giftgeilheit.

Sabine hat das Aufhören schon oft versucht. Sie hat Beratungen gehabt, Therapien in verschiedenen Einrichtungen und natürlich Entzüge, zuletzt musste sie drei- bis viermal im Jahr zur Entzugsbehandlung in eine Psychiatrie. Dort machte sie Bekanntschaft mit der Realität, einer Erfahrung, die dem sozialen Umfeld fehlte.

Zur Realität gehört, dass man sich mit seinen Mitpatienten unterhält. Natürlich über seine Krankheit (obwohl „Drogengespräche" meist verboten sind), über seinen Konsum, man sucht Leidensgenossen, Kumpels, Gleichgesinnte, wie in jedem anderen Krankenhaus auch. Man schmuggelt Alkohol ins Haus oder trinkt draußen, tauscht sich über Tricks aus, und wenn die Kontrollen so sind, dass man das tatsächlich nicht schafft (selten, es ist schließlich ein Krankenhaus und kein Knast!), dann zieht man eben die Mindestverweilzeit durch und verabredet sich auf einen fröhlichen Umtrunk unmittelbar nach Entlassung. Nach offiziellen Angaben liegt deshalb die „Rückfallquote" nach klinischer Entzugstherapie bei rund 80%. Offiziell zumindest...

Sabine hat nach den stationären Aufenthalten regelmäßig sehr schnell zu ihrem früheren Konsum zurückgefunden. Nicht nur ihr soziales Umfeld, sondern auch die Klinik, in die sie regelmäßig zum Entzug aufgenommen wurde, hatten die Segel gestrichen und sie zum hoffnungslosen Fall erklärt: anlässlich ihrer letzten Entzugsbehandlung untersagte man ihr die Teilnahme an den Therapiesitzungen, weil es bei ihr sowieso keinen Zweck mehr habe...

Zur Abhängigkeitserkrankung gehört aber auch die Ambivalenz. Trotz dieses fürchterlichen Cravings hat der abhängig kranke Mensch - wie alle anderen - auch den Wunsch nach Genesung. Der kommt nicht immer wirklich gut gegen das Craving an, aber er ist da. Auch bei Sabine.

Eine segensreiche Wirkung der Suchtakupunktur ist unter anderem die Reduktion des Craving. Das kann dem Menschen selbst und dem Therapeuten ermöglichen, an die andere Seite, diejenige, die gesund werden will, heranzukommen und sie zu stärken.

Mit Sabine haben wir ambulant insgesamt rund drei Jahre gearbeitet, in zunehmend lockerer Terminfolge. Es war ihr Wunsch, von uns durch eine etwas schwierige Schwangerschaft und Geburt begleitet zu werden. Natürlich hat sie schon lange vor der Schwangerschaft nicht mehr getrunken und lebt heute ein glückliches Leben mit ihrer Familie. Manchmal sieht sie sich Bilder aus ihrer Vergangenheit an und sieht, dass sie damals deutlich älter aussah als heute...

5. CHRISTINE

„Glauben Sie bitte nicht, was in der Yellow-Press über Suff und Drogen bei den Promis geschrieben steht. Es ist alles viel schlimmer."

Heiterkeit ist die erste Reaktion auf diese Äußerung, Nachdenklichkeit folgt ihr manchmal. Diese Behauptung belege ich natürlich, wenn ich sie in Fortbildungen und Seminaren zum Besten gebe.

Zu unseren Klienten gehören auch Menschen aus den Bereichen Kunst/Film/Fernsehen. Es bleibt nicht aus, dass im Laufe der therapeutischen Beziehung neben dem unmittelbaren sozialen Umfeld des Klienten auch Berufsspezifika zur Sprache kommen. Sie müssen gerade im ambulanten Setting hinreichende Berücksichtigung finden, weil bei freien Berufen auch das Image eines Menschen eine manchmal entscheidende Rolle dabei spielen kann, einen Auftrag zu bekommen - oder eben nicht. Bei Christine war das nicht so entscheidend, sie war durchaus „gut im Geschäft", wie man so sagt.

Und noch ein Spruch: wo Sonne ist, da ist auch Schatten. Dumm nur, dass sich der Schatten oft zunächst sehr angenehm, erfrischend, wohltuend anfühlt. Vielleicht kann man sogar sagen: je strahlender die Sonne, desto angenehmer der Schatten. Bis sich der Himmel bewölkt.

Christine war zweifellos ein Sonnenkind. Hatte sich hochgearbeitet, auch auf die internationale Bühne. Das ist nicht einfach in dieser Branche. Dazu gehören natürlich Glück, gute Beziehungen und ein gutes Image. Das gute Image speist sich unter anderem aus Talent, Einsatzfreude und Einsatzfähigkeit und daraus, ein guter Kumpel zu sein. Drehtage bestehen nicht selten aus Tagen und Nächten und gute Kumpel machen so ziemlich jeden Scheiß mit.

Das muss man erstmal schaffen.

Natürlich gibt es Naturtalente mit enormem Durchhaltevermögen, unankratzbarem Selbstbewusstsein und eiserner Gesundheitsdisziplin. Für die anderen gibt es Kokain.

Kokain ist ein Schatten. Aber das erfährt man erst später, sehr viel später. Regelmäßig zu spät. Denn Kokain ist besser als jeder Schauspieler: es macht glauben, es sei die Sonne. Christine war ihren Kumpels dankbar für diese Sonne. Nicht nur, dass sie half, ihren Job gut zu machen und manchmal überhaupt erst zu schaffen, sie war auch einfach nur geil.

Was folgte, war vorhersehbar, aber nicht für Christine, weil Kokain darüber ein weißes Tuch breitet: heimlich, still und leise übernahm Koks das Kommando. Machte leistungsfähig, attraktiv, wach, kommunikativ, glücklich, sexuell aufregend. Schlich sich in die Gedankenwelt, erst gelegentlich, langsam öfter, schließlich täglich. Kaschierte sehr geschickt Erschöpfung und Unruhe, sorgte für Erfolg und dafür, gelegentliche Warnzeichen zu ignorieren.

Das schafft Kokain aber nur so lange, bis der Konsum nicht zu heftig wird. Dann bricht sich totale Erschöpfung, Verzweiflung und einfach fertig-sein bahn. Aber längst ist der Konsument anhängig krank.

Christine ist nicht blöd und weiß, dass das so nicht weiter geht. Die Arbeitsfähigkeit leidet deutlich, sie wird mürrisch, unausgeglichen, anfällig für jeden banalen Schnupfen. Bei ihr war dieser Zustand relativ schnell erreicht. Weil sich der Kokainkonsum nicht mehr wirklich steuern lässt, greifen viele zu Hilfsmitteln, Alkohol beispielsweise oder Benzodiazepine (neben einigen anderen Substanzen). Christine hat Respekt vor Alkohol, sie nimmt Benzodiazepine. Damit kann sie „runterkommen", den Höhenflug kontrolliert beenden und Schlaf finden. Außerdem tauchen „Benzos" vieles in ein angenehmes rosarotes Licht. Das Leben wird wieder leichter.

Dummerweise passierte ihr dann das, was fast regelmäßig passiert, wenn man versucht den Teufel mit dem Beelzebub auszutreiben: Die beiden verbünden sich und übernehmen gemeinsam und genüsslich eine noch totalere Herrschaft.

Nun ist es nicht so, dass Christine und sehr viele in ihrem Umfeld das alles nicht gewußt hätten. Aber Intelligenz schützt weder vor Krankheit, noch vor Fehlern, auch nicht vor Ängsten, Hilflosigkeit und Verzweiflung. All das sind menschliche Eigenschaften. Und leider sind in vielen Branchen heute menschliche Eigenschaften wenig gefragt, ja, oft genug werden sie als Hindernis betrachtet.

Diese Doppelherrschaft macht Christine langsam ernsthaft zu schaffen. Irgendwann rebellieren Körper und/oder Psyche dagegen. Dann gehen Aufträge/Engagements verloren oder die Nachfrage sinkt. Das bedeutet Existenznot für einen Freiberufler.

Klinikentzug? Wochen- oder gar monatelange Entwöhnung? Das können sich TOP-Stars leisten....

Christine hatte Glück, sie traf einen Kollegen, der sich Jahre zuvor in unserer ambulanten Intervention befunden hatte und seitdem ein konsumfreies, trockenes Leben hatte, das vor allem eins war: selbstbestimmt, frei und glücklich und, ohne auf sich achten zu müssen, völlig normal. Das überzeugte sie.

Wir haben etwas über anderthalb Jahre zusammen gearbeitet. Heute hat sie gute Engagements und lebt ein normales Leben.

6. EIN EHEPAAR

Man lebt heute länger und manche leben deshalb auch länger zusammen. Zum Beispiel dieses Ehepaar: seit rund 40 Jahren verheiratet, zwei Kinder. Sie haben ein Geschäft aufgebaut, anfangs klein, sich mit viel Energie und Zeitaufwand einen Namen in der Region erworben. Der steht auch heute noch für Zuverlässigkeit, ehrliches Handwerk und Seriosität. Man hat expandiert, Angestellte mussten her. Das Geschäft lief immer gut, allen Widrigkeiten zum Trotz. Und die Jahre vergingen. Vor gar nicht langer Zeit war es dann soweit: einer der Söhne übernahm, die Eltern gingen mit Mitte sechzig in den wohlverdienten Ruhestand, wie man so sagt.

Eine Bilderbuchgeschichte.

Sie stünde nicht an dieser Stelle, wenn alles glatt gelaufen wäre.

Der andere der beiden Söhne hatte eine bemerkenswerte Karriere bei einem internationalen Konzern hingelegt und war nun Mitglied des Europa-Leitungsteams. Wir hatten gut ein Jahr zuvor dort einen Auftrag erledigt und in diesem Rahmen den Sohn dieses Ehepaares kennengelernt. Er rief mich an: „Ich mache mir um meine Eltern Sorgen. Meine Mutter meint, mein Vater sei Alkoholiker geworden und sie wüsste nicht mehr weiter. Könnten Sie…"

Eigentlich war nichts weiter passiert als der normale Lauf des Lebens. Manche versuchen, ihn zu planen, manche lassen's auf sich zukommen - überrascht sind letztlich alle, sofern sie's bis dahin schaffen: das Alter ist das letzte Kapitel. Danach wird das Buch des Lebens zugeklappt.

Ich persönlich halte überhaupt nichts davon, sich sein Leben lang auf seinen Tod vorzubereiten. Ich halte nur viel von Klarheit. Und wenn man ein Alter beispielsweise jenseits der Siebzig erreicht hat, sieht man beim Blick durch das Lebens-Zeitfenster langsam den Horizont. Man merkt sehr schnell, dass sich umdrehen, in eine andere Richtung schauen, daran nichts ändert.

In einer solchen Situation passiert sehr viel. Im vorliegenden Fall folgendes:

Zunächst zwei Klischees.

1. Man nennt das wohl „klassische Rollenverteilung", wenn der Mann macht, aufbaut, arbeitet, unermüdlich die Firma voranbringt und die Frau ihm assistiert, den Rücken frei hält und die Kinder weitgehend selbstverantwortlich groß zieht.

2. Man sagt, Frauen seien flexibler, anpassungsfähiger und kämen mit Veränderungen problemloser und besser klar.

Unabhängig davon, ob an Klischees etwas dran ist - hier war es so.

Ihm fehlte im Ruhestand die Verantwortung, das Machen, das Chef-sein, das gefragt-sein. Das fiel ihm nicht leicht.

Ihr fehlte die Selbständigkeit zu Hause, ihr Verantwortungsbereich. Sie kam damit schnell recht gut klar.

Sie waren oft getrennt in ihrem Eheleben, sahen sich viel zu selten, wie sie sagen und wenn, dann waren die Rollen gut verteilt: er den Garten, sie den Haushalt. Selten war mal einer von beiden krank, niemals etwas wirklich ernsthaftes, selten ein böser Streit, sie liebten sich, sagten sie.

Das wurde anders. Nicht die Liebe, aber die Anforderungen an sie. Kurz vor dem Ruhestand wurde sie krank, diesmal etwas ernsteres, nicht direkt lebensbedrohlich, aber es würde sich hinziehen und das

Ende war nicht ganz sicher. Sie begannen, sich umeinander zu kümmern. Im Ruhestand, meinten sie, ginge das dann noch viel besser.

Jetzt war der Ruhestand da. Mit einer Rollenverteilung, mit der beide nicht gerechnet hatten: er kümmerte sich um so gut wie alles, vor allem um seine Frau. Man konnte sich Hilfen in Haushalt und Garten leisten, das war es nicht. Aber die Verantwortung, die er früher gern für sein Unternehmen übernommen hatte, das war eine völlig andere gewesen als die Verantwortung, die er jetzt trug - viel persönlicher, emotionaler, distanzloser. Er empfand das als sehr viel schwieriger.

Er war niemals ein Trinker gewesen. Kein Abstinenzler, beileibe nicht, aber alles hielt sich im Rahmen. Die paar Male, die er betrunken nach Hause kam, kann man an einer Hand abzählen. Und zu Hause waren Bier und Wein durchaus abendliche Essensbegleiter, mehr aber wirklich nicht.

Warum auch immer, Alkohol fing an, ihn auch nach dem Essen weiter zu begleiten. Betrunken war er nie, aber er trank, Bier und Wein. Nicht täglich, aber öfter und seine Frau begann, sich Sorgen zu machen.

Sie las Artikel über Alkoholsucht. Es gibt sehr viele Artikel darüber. Die allermeisten beschreiben mit ähnlichen Worten identische Inhalte, unabhängig davon, ob es Fach- oder Laienartikel sind. Der Leser muss den Eindruck bekommen, man sei sich höchst einig über Ursachen, Verlauf und Therapie einer Alkoholabhängigkeit. (Ich fürchte allerdings, man schreibt einfach zu viel voneinander ab und denkt zu wenig nach über solche Krankheiten. Aber das ist nicht Gegenstand dieses Beitrags).

Deshalb wuchs in der Frau die Überzeugung, ihr Mann sei alkoholabhängig und deshalb fragte sie dazu ihren Sohn...

Die Situation klärte sich recht schnell. Es wurde deutlich, dass beide unter der Angst litten, der jeweils andere Partner könnte vor einem selbst sterben. Keiner von beiden wollte „übrig bleiben". Da spielten die Erkrankung der Frau und die „Alkoholerkrankung" des Mannes dann eine wichtige Rolle.

Deshalb fand in diesem Fall eine „Paartherapie" statt.

Wenn man sich den Alkoholkonsum des Mannes genau ansah, musste man unter Abwendung von Mainstream-Definitionen zu dem Ergebnis kommen: ja, er trinkt vielleicht gelegentlich ein bisschen mehr, als unbedingt notwendig, aber er ist weit davon entfernt, alkoholkrank zu sein.

Das hat beide sehr entlastet.

Im Laufe der Arbeit konnten dann beide verstehen, dass die Veränderungen in ihrem Leben und der begrenzte Zeithorizont sie überrollt und Symptome von Angst und Depression ausgelöst hatten.

Die gemeinsamen Sitzungen, auch die gemeinsamen Akupunkturbehandlungen, konnten für beide eine realistische lebenswerte Perspektive erlebbar machen - und die Fröhlichkeit zog wieder ein in das Haus dieser beiden liebenswerten Senioren.

Und selbstverständlich gab es weiterhin ein leckeres Bier oder ein schönes Glas Wein zum Essen.

Für eine sinnvolle, lebensbejahende Intervention gibt es keine Altersgrenze.

Vor drei Jahren ist der Kontakt abgerissen, bis dahin waren die beiden fast 10 Jahre weiterhin glücklich miteinander.

7. THOMAS

Ärzte werden niemals krank und Zahnärzte haben niemals Zahnschmerzen.

Stimmt natürlich nicht.

Trotzdem, Hand auf's Herz: wenn Ihnen Ihr Zahnarzt sagt: „Ich habe Zahnschmerzen." - würde Ihnen das nicht zumindest ein Schmunzeln entlocken? Und vielleicht auch ein: „Da hat er sich wohl selbst nicht an seine Vorsorge-Empfehlungen gehalten." Und dann mag es sogar sein, dass Sie sich über seine Mundhygiene Gedanken machen. Mangelhaft bei einem Zahnarzt? Spätestens hier könnte das Gefühl eine unangenehme Komponente bekommen.

Wenn der Hausarzt Ihres Vertrauens sich einmal krank meldet, dann haben Sie ganz bestimmt Verständnis, vielleicht sogar Mitleid: „Ist ja auch nur ein Mensch und eigentlich arbeitet er zu viel, das rächt sich." Wenn er sich öfter krankheitsbedingt abmeldet, kommen gerne Fragen auf: was er denn wohl habe, ob das jetzt öfter vorkommen könnte und man wird ein wenig misstrauisch. Schließlich, beim dritten Mal im Quartal, fragt man sich, ob etwas Ernsthaftes dahinter stecken könnte und man sich womöglich gar einen neuen Arzt suchen müsste.

Wenn Ihr Arzt Ihnen sagen würde: „Ich bin abhängig krank, aber ich hab' das im Griff." - würden Sie dann nicht sehr schnell zwar Bedauern empfinden, aber vorsichtshalber sich baldmöglichst im Freundes- und Bekanntenkreis nach einem fähigen Arzt erkundigen? Und die Fragen: „Weshalb das denn? Bist du nicht mehr zufrieden?" wahrheitsgemäß beantworten?

Eine Abhängigkeitserkrankung kann sich für einen Arzt oder Zahnarzt sehr schnell zu einer existenziellen Krise entwickeln. Deshalb ist bei diesen Berufsgruppen ein offener Umgang mit Krankheit im allgemeinen und einer Abhängigkeitserkrankung im besonderen sehr gering verbreitet.

Normalerweise kommen zu uns Menschen, die bereits ein oder meist mehrere andere, erfolglose, Therapieversuche hinter sich haben, darunter auch Mediziner, wie Thomas zum Beispiel.

Thomas ist Mitte vierzig, Zahnmediziner in eigener Praxis in einer mittleren Großstadt. Thomas geht es eigentlich gut, genau genommen sehr gut. Eigentlich.

Thomas kommt aus einem Umfeld, das man gutbürgerlich nennt. Schule und Gymnasium bereiteten ihm keine Schwierigkeiten, die ausgezeichnete Abi-Note machte ein Arzt- oder Zahnarztstudium auswahlfähig. Nicht, dass er die große unabweisbare Leidenschaft dafür gehabt hätte, aber wenn man sich's aussuchen kann, spielen erreichbarer sozialer Status und Verdienstmöglichkeiten selbstverständlich eine wichtige Rolle. Er entschied sich für Zahnmedizin, weil er handwerklich nicht ungeschickt war und das für sich nutzen wollte.

Das Studium verlief unauffällig. An manchen Universitäten gelten Zahnmedizinstudenten als anfällig für Arroganz und als trinkfest. Thomas konnte mithalten.

Nach dem Studium arbeitete er zunächst einige Jahre in einer Klinik, bis er merkte, dass er sich lieber niederlassen und in eigener Praxis arbeiten wollte. Zu diesem Zeitpunkt war er gerade frisch verheiratet, eine Kollegin, mit der er eine Praxis aufbauen wollte. Sein Alkoholkonsum war die ganze Zeit über das, was man unauffällig und sozial verträglich nennt. Wie Millionen andere auch. Also kein Grund zur Besorgnis. Die Praxis lief, das erste Kind kam. Thomas meint heute, damit habe es angefangen. Ich weiß nicht, ob er damit richtig liegt.

Jedenfalls war man sich nicht einig, wie Praxis und Kind unter einen Hut zu bringen seien. Seine Frau wollte Zahnärztin sein und nicht „nur" Mutter, für ihn hatte sein Job nie ernsthaft zur Diskussion gestanden. Man hatte zwar irgendwie vorher darüber gesprochen, aber scheinbar nicht so richtig, es war sehr viel unklar und vage geblieben, wie sich jetzt herausstellte. Aber vielleicht muss man solche Situationen auch erst leben, um zu sehen, wie man damit umgeht - längst nicht alles im Leben ist planbar.

Ganz sicher nicht geplant war die Trennung von seiner Frau. Das traf ihn hart. Ein vollkommen veränderte Situation, privat wie beruflich.

Er entschloss sich, die Praxis alleine weiter zu führen.

Sein Alkoholkonsum war in dieser Zeit gestiegen, ein wenig, wie er meinte. Weil er damit besser abschalten konnte, sagte er, und weil er die Entspannung brauchte, um gut schlafen zu können. Und eine oder höchstens mal anderthalb Flaschen Wein am Abend, das konnte er gut verkraften, jahrelange Übung, sozusagen. Tatsächlich war er bis dahin nirgends unangenehm aufgefallen, war nie das, was man besoffen nennt, hatte noch seinen Führerschein und war stets zivilisiert, auch wenn er trank. Er war deshalb auch keineswegs besorgt um sich. Auch nicht, als so um die zwei Flaschen Wein (und vielleicht auch mal ein bisschen mehr) am Abend regelmäßig wurden. Die Besorgnis kam von außen.

Zum einen war das seine zweite Ehefrau. Sie kannte seinen Konsum, hatte ihn so kennen- und lieben gelernt und fand - ehrlich gesagt - auch nichts besonderes daran. Allerdings: in der letzten Zeit zog er sich immer mehr zurück nach der Arbeit und sie sah, dass die Anzahl der geleerten Flaschen stieg. Das beunruhigte sie dann doch. Sie suchte das Gespräch mit ihm und war erschrocken, wie ablehnend er darauf reagierte. So kannte sie ihn gar nicht. Und nach und nach bemerkte sie weitere Verhaltensweisen, die neu für sie waren und die sie - so empfand sie es - aus seinem Leben ausschlossen. Auch Thomas war das aufgefallen, er mochte und wollte das eigentlich nicht, verhielt sich dennoch so und erschrak ein wenig über sich selbst. Aber auch das war noch nicht der Anlass zum Handeln, der kam aus seiner Praxis.

Er hatte über die Jahre ein eingespieltes Praxisteam mit langjährigen Mitarbeiterinnen. Man kam hervorragend miteinander aus, fast herrschte ein familiäres Klima, Mitarbeiterwechsel waren ausgesprochen selten. Trotzdem waren die hierarchischen Verhältnisse klar: hier Chef - dort die Angestellten. Umso mehr beeindruckte ihn deshalb, was eines Tages eine langjährige Mitarbeiterin zu ihm sagte.

Was seine Frau nicht wusste: inzwischen hatte er den Beginn seines täglichen Alkoholkonsums auf den Nachmittag verlegt. Manchmal sogar den frühen Nachmittag. Auswirkungen hatte er keine wahrgenommen, also war er - mal wieder - nicht beunruhigt. Bis zu diesem Nachmittag. Da erfuhr er von der Mitarbeiterin, dass sein Alkoholkonsum längst aufgefallen war, dem Praxisteam schon lange, aber jetzt offenbar auch den ersten Patienten...

In dieser Situation haben wir die Betreuung übernommen. Thomas konnte seinen laufenden Betrieb aufrecht halten, weil wir stets ambulant vor Ort arbeiten. Außer seiner Ehefrau wusste niemand, dass er in Behandlung war, nur die Veränderungen, die er zeigte, die wurden gesehen. Und weil niemand die Hintergründe kannte, wurde er von seinem Praxisteam regelrecht bewundert für diesen Erfolg aus eigener Kraft... Nach 23 Sitzungen im Verlauf von anderthalb Jahren ist er jetzt seit fast einem Jahrzehnt alkoholkonsumfrei und weiterhin sehr erfolgreicher Zahnarzt mit einem hochmotivierten Praxisteam.

8. CHRISTIAN

Ich gebe zu, dass wir diesen Auftrag seinerzeit mit einem gehörigen Bauchgrummeln angenommen haben.

Denn hier ging es nicht um einen Erwachsenen, der bereits mitten im Leben steht/stand und dort bleiben/dorthin wieder zurück will, sondern um einen jungen Menschen, einen Jugendlichen, 17 Jahre alt und seit Jahren auf Droge.

Die weiteren Umstände waren auch nicht sonderlich vielversprechend: Mit etwa 12 Jahren angefangen, Substanzen zu konsumieren, alles wüst durcheinander incl. Alkohol, im Laufe der Zeit deutliche Bevorzugung von Substanzen wie Amphetaminen, 2C-B, Ecstasy, auch Kokain. Darunter hat er paranoide Zustände entwickelt, die zum Zeitpunkt unseres Erstkontaktes zu einer bereits Jahre dauernden Behandlung durch einen Kinder- und Jugendlichenpsychiater mit medikamentöser Einstellung auf ein Antipsychotikum geführt hatten, der Verdacht auf eine paranoide Schizophrenie stand im Raum. Am Substanzkonsum einschließlich der Alkoholabstürze hatte sich aber nichts verändert. Regelmäßig mindestens einmal pro Jahr waren mehrwöchige Psychiatrieaufenthalte notwendig. Schulfähigkeit war praktisch nicht mehr gegeben, die häusliche Situation wegen der eher feindseligen Scheidung der Eltern sehr fragil.

Und das sollte ambulant, mit zwei bis drei Terminen im Monat zu schaffen sein?

Christian war bei unserem Erstkontakt nicht sonderlich klar, aber ich meinte, hinter dem ganzen Mist einen liebenswerten jungen Mann mit großem Potenzial sehen zu können. Und erstaunlicherweise meinte ich darüber hinaus, dass Christian sich auf mich als seinen Begleiter/Therapeuten möglicherweise einlassen könnte. Erfreulicherweise irrte ich mich nicht.

Im Laufe der gut eineinhalbjährigen Intervention haben mein Klient und ich wohl so ziemlich gegen jedes traditionelle Denkmuster zur Behandlung polyvalent abhängig kranker Menschen verstoßen. Erst recht gegen solche bezüglich jugendlicher Menschen, denen kaum mehr eine Chance auf ein „normales" Leben eingeräumt wird.

Heute finden wir beide, dass wir das gut gemacht haben.

Wir wissen, dass es manchmal ziemlich riskante Entscheidungen gab und Wege beschritten wurden, die auch in eine falsche Richtung hätten führen können; dass es zwischendurch immer wieder mal Konsum gegeben hat, der mir auch nicht immer gleich mitgeteilt wurde (finde ich übrigens normal); dass das soziale Umfeld einen enormen Druck ausgeübt hat und dass wir an der einen oder anderen Stelle auch einfach Glück hatten.

Aber als Ergebnis steht: Christian lebt seit etwas mehr als einem halben Jahr nach Therapiebeginn in eigener Wohnung, die übrigens stets sauber und altersentsprechend aufgeräumt ist. Er macht Kraftsport, ist trainiert, und hat ein ziemlich gutes Fachabitur hingelegt. Antipsychotika nimmt er schon lange nicht mehr, paranoide Erlebnisse kommen nicht mehr vor. Alkohol kann er inzwischen sehr maßvoll und kontrolliert konsumieren, andere Substanzen konsumiert er selbst auf Festivals nicht mehr, von einer einzigen Ausnahme abgesehen.

Als wir uns kennenlernten, war Christian im Grunde von allen abgeschrieben, ohne Zukunft und ohne Hoffnung, ohne jedes Vertrauen in sich selbst. Er hat schier Unglaubliches in bemerkenswert kurzer Zeit geschafft. Er hat seinem Leben eine neue Richtung gegeben. Er vertraut sich selbst und ausgewählten Anderen. Er ist in den Startlöchern in eine gute, selbstbestimmte Zukunft.

Inzwischen sind knapp 5 Jahre vergangen. Er studiert erfolgreich, lebt in einer festen Beziehung, ist konsumfrei (bis auf sehr maßvollen Alkoholkonsum), hat sogar das Rauchen aufgegeben und ist rundum zufrieden und glücklich.

9. JOHANN

Schaut man sich einen Film im Fernsehen oder im Kino an, sieht man bewußt in erster Linie die Akteure, die Schauspieler. Man weiß zwar, dass da noch eine ganze Menge im Hintergrund notwendig ist, aber das ist meist weniger interessant. Wie viel das tatsächlich ist, davon bekommt man eine leise Ahnung, wenn der Abspann läuft. Eigentlich sind alle Beteiligten an solch einem Projekt wichtig, spielen für das Gesamtergebnis eine Rolle, allerdings gibt es manchmal eine Unterteilung in Vor- und Abspann: zu Anfang des Films sind die Menschen genannt, die einen besonders starken Einfluß auf das Gesamtergebnis haben, die weiteren Beteiligten folgen am Ende.

Unser Patient wird regelmäßig im Vorspann genannt, nicht nur in inländischen Produktionen.

Johann ist Anfang vierzig, international erfahren, hat eine eigene kleine Firma, die von großen Studios oder Produktionsfirmen gebucht wird. An anderer Stelle hatte ich schon angedeutet, dass auch im TV- und Filmbereich der Konsum verschiedener Substanzen gang und gäbe ist (was selbstverständlich hinreichend oft dementiert wird). Kokain spielt eine große Rolle, aber auch andere Substanzen und aus dem legalen Bereich ist der Alkohol ein häufig anzutreffender, gar nicht so selten ständiger Begleiter.

Johann hatte früh Bekanntschaft mit Alkohol gemacht, aber alles ganz normal, wie er sagte. Er hatte eine solide Handwerkerausbildung absolviert, bevor er zunächst an größeren Schauspielhäusern arbeitete. Dort lernte er viele Feinheiten seines Handwerks kennen und fing an, sich weiterzubilden. Damals, so sagt er heute, war ihm wohl bewußt, dass er sich eine Menge auflud, aber das wollte er genau so haben. Und Alkohol zur Entspannung war absolut üblich.

Er erlernte einen zweiten Beruf.

Weil sich die beiden Berufe sehr gut ergänzten und er ausgesprochen engagiert und kreativ zu Werke ging, stieg sein Bekanntheitsgrad nach und nach deutlich. Große Firmen engagierten ihn und er arbeitete international. Das bedeutete: viel Arbeit in kurzer Zeit zu erledigen, dann Pausen, dann wieder sehr viel Arbeit in kurzer Zeit, viel Reisetätigkeit. Inzwischen war er schon längst selbständig freiberuflich tätig. Er hatte immer viel Anspannung, aber wenig Entspannung.

Er wusste, dass ihm Alkohol bei der Entspannung half.

Und er merkte, dass er mehr Entspannung brauchte.

Bis er eines Tages merkte, dass da was aus dem Ruder lief.

Johann hatte bereits sehr viel geschafft in seinem Leben und er war überzeugt, dieses Ding auch zu hinzubekommen: nicht mehr so viel, am besten ganz wenig oder gar keinen Alkohol mehr zu trinken.

Bis hierhin bestimmt keine ungewöhnliche Geschichte.

Ungeahnte Komplikationen begannen, als er anfing, sein Vorhaben in die Tat umzusetzen. Als Freiberufler ist man auf die Aufträge angewiesen, wie jeder Selbständige. Und auch in Johanns Branche gilt, dass nicht nur die rein fachliche Qualifikation und die Qualität der Arbeit eine Rolle spielt, sondern auch das persönliche Auftreten, das persönliche Image: bei annähernd gleicher Qualität entscheidet sich der Auftraggeber gern für den, der ihm auch persönlich am sympathischsten ist und der zu der gesamten Crew gut passt.

Wenn man für ein paar Tage oder maximal wenige Wochen auf engem Raum sehr intensiv über zwölf, vierzehn oder noch mehr Stunden täglich zusammen arbeitet und regelrecht zusammen lebt, sind die Ansprüche an eine „Gemeinschaftstauglichkeit" hoch. Zum Beispiel entspannt man zusammen, trinkt man zusammen, feiert das „Bergfest" zusammen und trinkt noch mehr zusammen.

Johann bemerkte, dass er mit weniger Alkohol die Anderen nüchterner sah und das, was er da sah, fand er nicht so gut. Er wurde zurückhaltender. Dummerweise schadete das seinem Image: bislang immer einer, der gut mithielt, ein prima Kumpel - jetzt wurde auch er nüchterner gesehen. Er spürte sehr deutlich, dass das seine Auftragslage gefährdete, so gut er in seinem Job auch war. Also machte er weiter mit und trank weiter mit. Aber eigentlich wollte er das nicht, es gab genug Beispiele in seiner Branche, wohin das letztlich führen konnte.

War das die Alternative: entweder besoffen und volles Auftragsbuch oder nüchtern und pleite?

In dieser Situation nahm er Kontakt mit uns auf. Wir haben knapp zwei Jahre miteinander gearbeitet, wie immer in unterschiedlicher Betreuungsdichte. In dieser Zeit konnten wir seinem Wunsch entsprechend den Alkoholkonsum auf Null reduzieren und auf der Basis seiner individuellen Persönlichkeit eine Strategie erarbeiten, die es ihm möglich machte, selbstbewußt und zäh sein positives Image gerade wegen seiner Alkoholabstinenz zu festigen und auszubauen.

Das war vor vierzehn Jahren. Wir bekommen regelmäßig mehrmals im Jahr Mails von ihm, sehr freundliche und sehr erfreuliche Mails. Bis heute ist Johann „trocken", eine „Nachbehandlung" war nicht erforderlich und sein Auftragsbuch ist voll.

10. HERBERT

Herbert geht langsam auf Ende 50 zu, er ist Mitinhaber einer Kanzlei, die etwas mit unserem ausgefuchsten und undurchschaubaren Steuersystem zu tun hat. Er ist lange dabei, hat mehrere Ausbildungen, Qualifikationen und Zulassungen und ist in seinem kleinen Unternehmen unersetzbar. Deshalb will er auch noch einige Jährchen weiterarbeiten. Er macht das gern, weil er seinen Job liebt, ein früher Ruhestand ist nichts für ihn. Jedenfalls war das seine Planung. Bis vor ein paar Jahren....

Damals entschieden sie sich, einen weiteren Teilhaber aufzunehmen, einen jungen fähigen Kopf. Das hat einiges verändert.

Herbert ist so ein bisschen das, was man „vom alten Schlag" nennen könnte: gewissenhaft, blitzgescheit und sehr erfahren, zurückhaltend, mitunter vielleicht ein wenig steif in seinem Wesen, eher introvertiert, dennoch nicht ungesellig. Manchmal auch humorvoll. Aber ganz bestimmt kein Karnevalstyp.

Damit ist er über die Jahre sehr gut gefahren, man kannte und akzeptierte ihn so und schätzte seine außerordentlichen beruflichen Fähigkeiten.

Alkohol spielte für Herbert „die übliche Rolle": zum Essen (auch gelegentlich mittags), zur Entspannung am Abend. Sehr selten harte Drinks, eigentlich immer nur einen guten Wein. Davon blieb dann auch mal eine ganze Flasche am Abend nicht ungeleert, meist aber reichte eine halbe. Eben alles „im Rahmen".

Dass er mal seinen Führerschein eine Zeitlang abgeben musste, war eigentlich eher Pech, fand er. Seine Frau fand das nicht. Sie war froh, dass er keinen Unfall gebaut hatte unter Alkoholeinfluss. Und nahm das zum Anlass, sich seinen Alkoholkonsum genauer anzuschauen.

Er war auf der Fahrt vom Büro nach Hause in eine Kontrolle gekommen. So fand seine Frau heraus, dass er zwar nicht im Büro trank, aber gelegentlich auf dem Weg nach Hause an der Tankstelle Rast machte und dort nicht die ganz kleine Flasche Wodka kaufte, die er auch sogleich leerte.

Er versprach ihr, damit aufzuhören.

Tat er aber nicht, sondern wurde noch geschickter im Verheimlichen. Es begann ein Katz-und-Maus-Spiel: er verfeinerte seine Techniken, sie wurde immer gewiefter im Aufspüren. Gleichzeitig stieg sein abendlicher Alkoholkonsum, „weil er ja nichts mehr trank am Nachmittag"... Zunächst waren es zwei Flaschen Wein, schließlich drei am Abend, er ging immer später zu Bett. Die Tankstellenbesuche blieben. Und der Weinkonsum begann nun langsam tatsächlich im Büro am Nachmittag.

In dieser Situation nahm die Ehefrau Kontakt mit uns auf. Der Ehemann fand das nicht so gut, beugte sich aber seiner Frau.

In Therapeutenkreisen (und nicht nur dort) gilt das Dogma, dass ohne den Willen des Patienten zur Abstinenz gar nichts gehe, er müsse intrinsisch motiviert sein, also aus einer Art innerer Überzeugung und Willen heraus. Wir sehen das nicht so. Zum Beispiel, weil Menschen in bestimmten Situationen gar nicht wissen (können), was sie wollen. Zum Beispiel, weil eine Abhängigkeitserkrankung sich auch dadurch definiert, dass sie den Willen des Menschen manipuliert und vor allem auf pharmakologischem Weg die Fähigkeit nimmt, auf den Suchtstoff zu verzichten. Und aus einer Vielzahl anderer Gründe.

Wir fanden schnell heraus, dass Herbert sich in dieser gesamten Situation ein wenig unwohl fühlte. Nicht, dass er sich als alkoholabhängig krank bezeichnet hätte, aber er hatte „so ein Gefühl, dass da was nicht so war, wie es hätte sein sollen".

Solch ein Gefühl beispielsweise reicht uns für die Annahme eines Auftrags. Wir machen weder Motivationstests, noch vereinbaren wir absolute Aufrichtig- und/oder Ehrlichkeit in der therapeutischen Beziehung. Das wäre lebensfremd, finden wir. Und dem Wesen der Abhängigkeitserkrankung überhaupt nicht angemessen. Dennoch - oder vielleicht deshalb - finden unsere Klienten und wir im Laufe der Therapie regelmäßig ein sehr offenes, vertrauensvolles Verhältnis zueinander.

Herberts Unwohlsein rührte aber nicht allein aus seinem Alkohol-konsum, sondern auch aus seiner Arbeitssituation. Der neue Teilha-ber entpuppte sich als sehr eloquent, charmant, kommunikations-freudig und nicht untalentiert in der Akquise neuer Kunden. Er war so ganz anders als Herbert. Das führte dazu, dass Herbert immer weni-ger wahrgenommen wurde. Ergriff er in einem Meeting das Wort, was eher selten vorkam, hörte man ihm als Chef pflichtbewußt zu, der neue Teilhaber hingegen konnte sich der wohlwollenden Auf-merksamkeit aller immer sicherer sein. Und auch das Fachliche wurde mehr und mehr dem „Neuen" zugeschrieben, die Kompetenzen und Fachgebiete, die allein Herbert in die Firma einbrachte, traten zu-nehmend in den Hintergrund, wurden weniger gesehen, weniger ge-würdigt und Herbert als Person drohte in der Versenkung zu ver-schwinden - so empfand er es. Es fiel ihm wirklich nicht leicht, uns darüber in Kenntnis zu setzen, dass er auch im Büro angefangen hat-te, Alkohol zu konsumieren und es dort bereits aufgefallen war.

Wir haben etwas mehr als zwei Jahre zusammen gearbeitet. In dieser Zeit war es Herbert möglich, seinen Alkoholkonsum auf das verträgliche Maß von ein oder zwei Gläsern Wein zum Essen zu redu-zieren und (auch mit wohlwollender Hilfe seiner Ehefrau) dauerhaft konstant zu halten. Er trank weder im Büro, noch machte er Umwege über Tankstellen.

Und wir haben Wege gefunden, auf denen er Vertrauen und Repu-tation in seiner Firma vollständig zurück gewinnen konnte.

Soweit wir wissen, ist er vor einiger Zeit mit einem lachenden und einem weinenden Auge aus seiner Firma ausgeschieden und jetzt ein fröhlicher Ruheständler...

11. GERALD. UND JULIA

Auf einer unserer Websites sagen wir das Folgende:

Wir können nicht alles. Deshalb fragen Sie uns ruhig, wenn Sie Bedarf an Hilfestellungen in den Bereichen Substanzkonsum und Sucht haben.
Wir selbst machen das, wovon wir sicher sind, dass wir es sehr gut beherrschen.
Für das, was wir nicht machen, können wir Ihnen meist eine gute Weiter-Empfehlung geben.

Deshalb ist es kein Zufall, dass wir mit hochqualifizierten Kolleginnen und Kollegen verschiedener Fachrichtungen und mit verschiedenen Schwerpunkten gut und gerne zusammenarbeiten. Dabei galt es, manchmal gewisse Hürden zu überspringen. Denn das, was wir von den Effekten und der Effizienz der Suchtakupunktur behaupteten, war für viele durchaus starker Tobak, auch für Julia, eine sehr versierte Psychiaterin und Psychotherapeutin...

Wir hatten uns mal zufällig kennen- und im weiteren Verlauf der Bekanntschaft schätzen gelernt. Einer ihrer Schwerpunkte war die Behandlung depressiver Menschen. Damit hatten wir eine Schnittmenge unserer Klientel und wir vereinbarten, zu gegebener Zeit bei Bedarf den jeweils anderen zu konsultieren. Zwischenzeitlich tauschten wir uns selbstverständlich über unsere Methodiken rege aus. Dabei ging es gar nicht darum, dass man mit Akupunktur auch depressive Verstimmungen, vielleicht sogar bis hin zu Depressionen behandeln kann, sondern um eine andere Aussage, die ihr dann doch etwas zu weit ging: „Wenn du mit Akupunktur arbeitest, jedenfalls mit bestimmten Punkten, dann hast du einen anderen Menschen vor dir. Er ist unter Akupunktur viel offener, findet viel leichter Kontakt zu sich selbst und du findest auch leichter Kontakt zu ihm auf emotionaler und witzigerweise auch kognitiver Ebene. Es ist schlicht ein anderes, sehr viel effizienteres Arbeiten. Dazu gibt's übrigens eine interessante Untersuchung…"

Bei aller Skepsis war Julia aber neugierig. Gerald bot die Gelegenheit, ihre Neugier zu befriedigen.

Gerald war ein neuer Patient von ihr. Ein eloquenter Mittvierziger, der in einer deutschen Metropole im Finanzbereich seit Jahren überaus erfolgreich tätig war. In diesem Sektor ist unglaublich viel Geld zu machen und unglaublich viel Geld zu verlieren. Besonders, wenn man das halsbrecherische Tempo dieses Gewerbes nicht mehr mitgehen kann oder will. In einer Branche, in der nur Gewinner zählen, gehört bereits der zweite Platz dem Verlierer.

Gerald war krank geworden. Schon mal nicht gut. Ernsthaft krank. Gar nicht gut. Er hatte eine psychische Erkrankung, Depression. Fast immer ist man damit raus. Aber noch war es nicht soweit, er hatte sich rechtzeitig Hilfe geholt bei meiner renommierten Kollegin Julia.

Sie haben eine Zeitlang zusammen gearbeitet, die verordneten Medikamente wirkten. Allerdings kam so nach und nach ans Tageslicht, dass Gerald ein weiteres Problem mit sich rumschleppte: er nahm Kokain. Das sei, so sagte er, absolut üblich in seiner Branche.

In diesem Stadium fragte meine Kollegin ihren Patienten, ob sie mich hinzuziehen dürfe, Kokainkosum sei nicht ihr Fachgebiet. Sie wies ihn vorsichtshalber schon darauf hin, dass ich mit Akupunktur arbeiten würde.

Gerald hatte nichts dagegen. Auch nicht, dass wir ihn ungewöhnlicherweise zusammen in einer Sitzung behandeln würden.

Hintergrund dieses Settings war Julias Neugier. Wenn meine kühne Behauptung stimmen sollte, dass Akupunktur den Menschen in der Situation verändert und einen (positiven) Effekt auf die Therapie haben sollte, dann müsste sich das doch feststellen lassen… Sie war skeptisch. Sehr skeptisch.

Sie wissen als Leser dieses Beitrags natürlich, dass er hier nicht stehen würde, wenn die Situation voll in die Hose gegangen wäre. Sie haben recht. Aber dass der Erfolg so durchschlagend sein würde, damit hatte selbst ich nicht gerechnet.

Mit Julias und Geralds Einverständnis habe ich Punkte genadelt, die sowohl hilfreich bei der Behandlung von Abhängigkeitserkrankungen sind, als auch bei depressiven Verstimmungen. Auf der verbalen therapeutischen Ebene haben wir gemeinsam gearbeitet.

Verlauf und Resultat: Bereits nach der ersten Sitzung war Julia überzeugt. Sie hatte - wie sie sagte - Gerald noch nie so offen und zugänglich erlebt, emotional befreit, so dass sie in einer Viertelstunde mit ihm Dinge ansprechen konnte, die sie in den bisherigen Sitzungen vergeblich zu entwickeln versucht hatte.

Wir haben die folgenden Therapiestunden längst nicht alle gemeinsam durchgeführt, der Effekt der „Öffnung" des Patienten ist aber geblieben.

Gerald war so überzeugt von dieser Therapie, dass er später, als er im Auftrag seiner Firma nach London übersiedelte, ab und an zu einer „Auffrischungssitzung" gern sich wieder ins Flugzeug gesetzt hat, um Julia zu konsultieren. Etwas über 5 Jahre war er frei von Konsum und psychischen Beschwerden, danach verloren wir den Kontakt.

12. TORSTEN

Wenn der Bürgermeister überlegt, eine Straße nach einem Mitbürger seines Ortes zu benennen, dann hat das etwas zu bedeuten. Zumal dann, wenn es sich um einen noch lebenden Einwohner handelt.

Torsten war so einer.

Einer, der es wirklich geschafft hatte. Seine Werkhallen gaben vielen Menschen in der Gegend Arbeit, er exportierte in alle Welt, Straßen und Brücken wurden für die Trucks, die seine Erzeugnisse transportierten, verbreitert und tragfähiger gemacht, er war angesehen, beliebt, geachtet, schwerreich - und alkoholabhängig krank.

Torsten war gewohnt, „das Sagen" zu haben. So hatte er den geerbten Betrieb fit gemacht und nach vorne gebracht, so waren es seine Mitarbeiter gewohnt, so waren es seine Banker, Zulieferer und alle, die ihn kannten, gewohnt, deswegen hatte nach vielen Ehejahren seine Frau das Handtuch geworfen, deswegen hatten die Kinder eine komplizierte Beziehung zu ihm aufgebaut. Er war nicht einfach. Manche sagen, ein diffiziler Charakter sei oft ein Wesenszug besonders erfolgreicher Männer - ich weiß es nicht, vielleicht ist einfach nur die Definition des Begriffes „erfolgreich" das Entscheidende.

„Eigentlich schon immer!" lautete die Antwort auf die Frage, seit wann er Alkohol konsumiere. Wir trafen uns in seiner Villa, deren Swimmingpool einem normalen Hallenbad Ehre gemacht hätte. Er war nicht schüchtern, wenn es um die Darstellung seiner finanziellen Möglichkeiten ging, ein amerikanischer Einfluss vielleicht, der auch in seinen Trinkgewohnheiten Niederschlag fand: Whisky, reichlich, daneben exzellenten Rotwein.

Torsten hatte noch ein paar Jahre Zeit bis zu seinem sechzigsten Geburtstag und die letzten beiden Jahre waren so etwas wie ein Umbruch. Seine Alkoholkrankheit schädigte seine unternehmerischen

Entscheidungen so nachhaltig, dass er sich zumindest zeitweise aus dem Geschäft zurückziehen musste, keine Präsens mehr zeigen konnte, von zu Hause aus versuchte „durchzuregieren" und schließlich sah er sich gezwungen, einem bewährten Mitarbeiter die wesentlichen Aufgaben zu übertragen, wollte er nicht seine ganze Firma riskieren. Und immer noch war er fest in dem Glauben, es alleine aus der Krankheit schaffen zu können.

Die Wende und der Kontakt zu uns kam, als sein Hausarzt ihm schlicht und klar mitteilte, dass er seinen sechzigsten Geburtstag wohl nicht mehr erleben werde, wenn er so weitermache.

Der Erstkontakt verlief erfreulich, Torsten war ein großer schlanker Mann, intelligent, mit einem Sinn für Humor. Er konnte sein Gegenüber für sich einnehmen. Mich auch. Und deshalb machte ich einen entscheidenden Fehler: ich habe seine Durchsetzungsfähigkeit unterschätzt und meine Überzeugungsfähigkeiten überschätzt. Ich war überzeugt, ich würde das schon noch hinbekommen, aber Torsten lehnte vom ersten Tag an die Akupunktur ab, auch eine Probenadelung konnte ihn nicht überzeugen. Vielmehr bestand er auf einer medikamentösen Versorgung mit Baclofen®, das damals regelrecht in Mode war bei Alkoholabhängigkeit und als „Wundermittel" galt.

Es gibt bei Medikamenten aber keine Wunder, sondern manchmal Wirkungslosigkeit in Bezug auf die Hauptindikation und Nebenwirkungen als unangenehme und mitunter auch gefährliche Dreingabe. Regelmäßige Laborkontrollen waren notwendig, der langjährige Hausarzt nahm sie vor. So weit, so gut.

Gar nicht gut war, dass Torsten weiter trank. Möglicherweise wirkte das Medikament bei ihm überhaupt nicht (was gar nicht so selten vorkam, inzwischen ist der Hype deshalb auch schon längst wieder abgeklungen), er nahm es vielleicht gar nicht oder unregelmäßig oder er konnte es durch ein geschicktes Einnahmeprocedere austricksen.

Jedenfalls trank er nahezu unvermindert weiter, setzte gleichzeitig aber alles daran, dass wir nicht das Handtuch warfen, sondern ihn weiterhin betreuten, er war tatsächlich in höchstem Maße ambivalent.

Um auch wirklich jede Chance auf Verbesserung zu nutzen, installierten wir ein Buddy-System: ein sehr erfahrener Mitarbeiter zog für ein paar Wochen in seine Villa ein und begleitete ihn rund um die Uhr.

Leider umsonst. Wir bekamen unsere Grenzen sehr klar aufgezeigt. Torsten lehnte weiterhin jede Akupunktur ab, lies sich zur Beruhigung von seinem Hausarzt noch ein Benzodiazepin verschreiben und trank weiter, wenngleich etwas weniger.

Wenn man sich jetzt fragt, wieso er weiter trinken konnte, obwohl ein Mitarbeiter im Haus war - ganz einfach: wenn jemand trinken will, kann ihn niemand daran hindern. Niemand darf (körperliche) Gewalt zum Wohl des Anderen ausüben, ganz bestimmte Notfallsituationen ausgenommen, aber dies war keine, die nach geltendem Recht Gewalt zugelassen hätte; das Selbstbestimmungsrecht ist sehr umfassend und für Außenstehende manchmal nicht einfach zu verstehen.

Schließlich mussten wir einsehen, dass in diesem Fall zumindest unser Hilfeangebot nicht wirksam sein konnte und gaben auf.

Der Geschäftsführer, den Torsten eingesetzt hatte und zu dem wir ein sehr gutes Verhältnis aufgebaut hatten, rief uns in der Folgezeit noch zweimal an und berichtete von der weiteren Tragik dieses Falles. Wir müssen annehmen, dass Torsten heute nicht mehr lebt.

Das Schicksal dieses Menschen ist uns sehr nahe gegangen, wir haben erlebt, wie er unter der Last der Abhängigkeitserkrankung schon vor seinem Tod sein Leben verloren hat.

Ich weiß nicht, ob mit Akupunktur alles anders gekommen wäre, aber ich habe damals beschlossen, nicht mehr ohne diese Methode zu arbeiten, diesen Fehler mache ich nicht mehr...

Teil 2 (Tina Franken)
Angehörigensicht

WIE MANAGER UND IHRE FAMILIEN IHR DRAMA VERBERGEN

Dies ist eine wahre Geschichte. Erlebt und aufgeschrieben von Tina Franken. In Wirklichkeit heißt sie anders. Das ist aber auch das einzige, das nicht stimmt.

Tina ist Führungskraft in einem mittelständischen Unternehmen, intelligent, eloquent, leistungsfähig, hochgewachsen, schlank, attraktiv, stets ein Lächeln und ein Ohr für die Belange von Mitarbeitern. Wenn man ein Hochglanzportrait einer Frau machen wollte, die „es geschafft hat": hier wäre die richtige Person.

Ihr Ehepartner ist Führungskraft in einem Konzern, man kommt nicht in eine solche Position, wenn nicht alle Parameter, die unsere (Leistungs-)Gesellschaft dafür vorsieht, auch hier stimmen würden. Sie haben zwei heute erwachsene Kinder, die den Eltern in nichts nachstehen und denen dank ihrer Fähigkeit, zum richtigen Zeitpunkt die gewünschte Leistung abrufen zu können und bester Noten ein glänzendes Leben prognostiziert werden kann. Haus im Grünen, jede Menge Sozialkontakte und Freunde, sie sind beliebt. „Wenn es denen nicht gut geht, wem denn dann?" Eine Bilderbuchfamilie. Bis eines Tages...

Ich bin nicht mehr dieselbe. Wir sind es alle nicht mehr.

Es ist zu viel passiert.

„Warum bist du nicht gegangen?" Meine Mama stellte mir Jahre danach diese Frage. Eine einfache Frage - ich habe lange darüber nachdenken müssen. Denn ich weiß es heute nicht mehr.

Mein Mann ist Alkoholiker. Die Frage nach dem „Warum", „Warum er? Warum wir?", die habe ich mir nicht gestellt, nie. Ich habe sie einmal „angedacht", in einem anderen Zusammenhang - und mir im selben Atemzug die Antwort gegeben: warum nicht? Warum nicht er, nicht ich und warum nicht wir? Was sollte an uns so besonderes sein, dass das nicht passiert?

Eine Art Initialzündung. Ein Gedanke, nur ein Gedanke, der mich das Leben um mich rum mit anderen Augen hat anschauen lassen. Nicht sofort, aber mit der Zeit. Immer in Abschnitten, in denen ich relativ klar denken konnte.

Zwischendurch habe ich mich verloren. Mich und alles, was einmal mein Leben war. Ich habe alle Kraft, die ich hatte, in das Aufrechterhalten einer Kulisse gesteckt. Für mich selbst blieb nichts mehr. Mein voller Alltag wurde mein lebenswichtiges Gerüst, hätte man mir das weggenommen, wäre ich zerbröselt, zerfallen. Es hat lange gedauert - jetzt spüre ich mich wieder.

Ich habe nicht nur mich, ich habe auch jeden Maßstab verloren. Selbstkontakt? Selbstfürsorge? Selbstvertrauen? Selbstbewusstsein? Das Selbst? - weg.

Manchmal erschrecke ich mich, wenn ich zurückschaue. Und frage mich, wie ich das alles schaffen konnte, wie irgendein Mensch das alles alleine durchstehen kann. Und dann kullern die Tränen, Tränen, die ich währenddessen nicht mehr hatte, nicht mal mehr die. Ich erschrecke mich, weil mir rückblickend klar wird, wie kurz vor dem Abgrund ich stand. Eigentlich mit einem Bein schon längst in der Luft.

Es gibt den schönen Satz „Wer ein Warum für's Leben hat, kann viele Wies ertragen". Nietzsche hat ihn geprägt.

Mein Warum ist Stück für Stück zerbrochen. Lange habe ich versucht wegzuschauen, dann zu kitten, zu kleben, hab' gebastelt, probiert - bis ich endlich verstanden habe, dass ich mich vor der Wahrheit drücke. Der Wahrheit, dass es nicht mehr so werden wird wie früher, dass die Zeit keine Wunden heilt, dass kleinste Situationen immer wieder vernarbte Stellen aufreißen.

Und dass ich das so empfinden darf. Dass mir das zusteht. Ich nicht falsch bin mit meinem Empfinden. Ich bin mir selbst gegenüber nachsichtig geworden. Und das ist ein schönes Gefühl.

Mit der Wahrheit kam die Klarheit und dann Stück für Stück wieder die Freiheit.

Sie lesen hier meine Geschichte mit Ihren Augen, Ihren eigenen Augen, Ihrer persönlichen Sichtweise, vor dem Hintergrund Ihrer eigenen Biographie. Ich weiß nicht, ob Sie jemanden kennen, um den Sie sich Sorgen machen oder bereits mitten drin stecken als Ehefrau, Mama, Freundin, Kollegin.

Bei aller Ähnlichkeit: jede Paar-Beziehung, jede Familie steckt in ihrem eigenen System und es gibt immer unterschiedliche Sichtweisen und Reaktionen. Ideen, Gedanken und Gefühle werden von vorausgegangenen Erfahrungen hervorgerufen.

Wenn ein Mitglied der Familie alkoholkrank ist, ist jedoch nicht nur er krank - die ganze Familie trägt das Schicksal mit. Ungefragt. Ungefiltert. Meist alleingelassen. Immer voll mit Scham und Angst.

Deshalb liegt diesmal der Focus, mein Focus, nicht auf dem abhängig Kranken, sondern auf (m)einer Sicht, (m)einem Erleben von Situationen und nahen Menschen, (meinen) Kindern, (meinen) Verwandten und Freunden und natürlich mir selbst. Glauben Sie mir bitte, dass der Weg zu diesen drei Worten („natürlich mir selbst"), sehr lang und enorm beschwerlich war. Aber es gibt diesen Weg und es ist mein Wunsch, Ihnen ein wenig Mut zu machen, Veränderungen rechtzeitig und eigenverantwortlich anzugehen - Sie sind es wirklich wert, sich selbst und denen, denen Sie etwas bedeuten.

Meine Geschichte ist für Sie ganz persönlich und gleichermaßen für mich selbst. Wir kennen uns nicht. Deshalb ist diese Geschichte auch ein Versuch, Höchstpersönliches so aufzuzeichnen, dass Sie, der Leser, die Leserin, „etwas davon haben", Nutzen ziehen können, vielleicht sogar den, dass Ihnen etwas erspart bleibt im Leben...

Das Ende vom Anfang

Es war die Weihnachtsfeier bei Kunden. Ich war von Geschäftspartnern zu einer kleinen Weihnachtsmarktfeier eingeladen, die Kinder haben sich wie jedes Jahr darauf gefreut, ihren Christbaum aussuchen zu dürfen, mit rotgefrorenen Nasen und glänzenden Augen, die Finger um eine Tüte heiße Maroni gewickelt. Wir hatten vereinbart, dass er mit den Kindern direkt hinkommt. Ich war schon da, sah es schon von weitem und hatte schnell die Gewissheit: er hatte getrunken. Ich bin vor Schande gestorben, das erste Mal in der Öffentlichkeit. Es war für mich so offensichtlich, dass ich dachte, jeder bekommt es mit - dabei weiß ich bis heute nicht, ob jemand etwas bemerkte. Was ich in dem Moment wusste war, dass ich nie wieder mit ihm zusammen so gesehen werden wollte. Dieses Erlebnis war für mich so schlimm, dass hier zum ersten Mal alle Dämme brachen. Wieder zuhause habe ich geschrien, meine ganze Verzweiflung, meine ganze Ohnmacht, alles durcheinander.

Mir wurde da klar, dass er nicht nur sich selbst zerstört, sondern die Kinder in Gefahr gebracht hat, er kam ja mit dem Auto. Mich selbst hatte ich gar nicht im Blick. Die beiden wussten zu dem Zeitpunkt noch nichts von der Krankheit ihres Vaters, sie saßen beim Heimfahren still und verschreckt auf der Rücksitzbank, ich fuhr und versuchte währenddessen, ihn zum Schweigen zu bringen. Er redete ohne Unterlass, dummes Zeug, ich erinnere es nicht mehr. Ich weiß nur noch, dass ich mich zusammengerissen habe um nicht loszuheulen, nicht rumzuschreien und die Kinder nicht noch mehr zu verunsichern. Nur den einen Satz, den weiß ich noch: „Du fährst nie mehr mit den Kindern alleine im Auto. Nie mehr!"

Es war der Moment, in dem mir bewusst wurde, dass ich es auf Dauer nicht würde schaffen können, alles geheim zu halten. Vor den Nachbarn, den Freunden, den Verwandten, den Arbeitskollegen - und vor den Kindern. Meine mühsam aufgebaute Kulisse in den letzten Jahren, dieses System aus Ausreden, Verniedlichungen, Entschuldigungen, Absagen, all das würde ich nicht mehr lange schaffen. Irgendetwas ist in mir zerbrochen in dem Moment. Ich fühlte mich einsam, allein, hilflos, durchschaut, als Lügnerin, als Versagerin. Und unendlich traurig.

An den Wochenenden war ich immer häufiger alleine mit den Kindern unterwegs, gefragt hat irgendwann keiner mehr nach ihm. Zu Beginn erzählte ich noch, er würde im Haus etwas reparieren (irgendwas gibt es immer), der Garten gehört gemacht, er muss sich ausruhen von der anstrengenden Woche.... Und ganz gelogen war es ja auch nicht. Aber geschummelt. Es klappte für ihn wunderbar, zuhause Dinge zu erledigen, zu sagen, er könne nicht mit und sich dann aber dem Trinken zu widmen, wenn der Vorwand erledigt war. Wir waren ja nicht da.

Ich gewöhnte mich daran. Zu Beginn glaubte ich ja selbst noch, das wäre der wahre Grund. Danach wollte ich es glauben. Und irgendwann wusste ich, um was es wirklich ging. Als wir nachmittags bei seiner Schwester zum Kaffee eingeladen waren, legte er sich ins Bett und meinte, er komme nicht mit. Klar, er hatte getrunken - also bin ich alleine hin. Fassungslos, dass selbst das nicht mehr ging. Zu seiner Schwester, am helllichten Nachmittag. Es war ihm völlig gleichgültig, was ich dort als Entschuldigung vorbringen sollte. „Und was sag ich, warum du nicht mitkommst?" „Mir egal, sag' irgendwas."

Wut, maßlose Wut überkam mich. Er schob nicht einmal mehr Gründe vor, jetzt war sogar das in meine Verantwortung gefallen.

Dachte ich zu dem Zeitpunkt an irgendeine Form des „ich sag jetzt jemandem die Wahrheit"? Nein, noch war ich handlungsunfähig und hielt tapfer nach außen aufrecht, was längst nicht mehr der Fall war: das Bild einer heilen Familie.

Er hat schon immer viel getrunken. Im Laufe der Jahre habe ich mich daran irgendwie versucht zu gewöhnen. Ich fand es nie schön, zu sehen, dass mein Mann immer derjenige war, der mehr Bier getrunken hat als alle anderen. Aber nie betrunken war. Nie.

Wir waren unterwegs, haben gefeiert, und egal wie spät es war beim Heimkommen - ein Bier ging immer noch vor dem Schlafengehen. Mir völlig unverständlich. Sprach ich es an, bekam ich keine Antwort. Dafür aber Angst. Angst vor dem, auf was wir zusteuerten. Wir. Nicht er alleine.

Es war mir irgendwann peinlich, ich dachte, die Nachbarschaft müsste doch längst darüber reden - so oft mit dem leeren Bierkasten über den Parkplatz? Gesteigert hat es sich bis zu jedem zweiten Tag. Ich stand am Küchenfenster und dachte nur - bitte, lass alle anderen gerade auf dem Sofa sitzen, damit sie es nicht sehen. Er fährt schon wieder neues Bier holen. Vielleicht machen das andere Männer auch so und ich sehe es nur nicht. Jetzt dreh nicht durch, das ist alles normal, es schmeckt ihm halt. Übertreib nicht so, jeder Mann trinkt gerne Bier. Ich sitz halt auf dem Sofa und sehe es nicht, wenn andere nochmal losfahren.

Der Donnerschlag kam eines Morgens, als ich aufstand und ihn mit der Bierflasche in der Küche sah. Um 8 Uhr früh. Davor hatte ich mir nie richtig ernsthaft Gedanken gemacht, es war eher eine Ahnung, die aber schon so hässlich war, dass ich sie wegdrückte - jetzt wusste ich es, ich musste mir Gedanken machen! Dieser Anblick zog mir den Boden unter den Füßen weg. Zwei Grundschulkinder, gesund, wunderbar, lebenslustig - und ihr Vater steht morgens in der Küche und trinkt

Bier. Als er mein fassungsloses Gesicht sah, zuckte er kurz zusammen. Um sofort zu beteuern, das wäre eine Ausnahme.

Das war der Moment, in dem ich Klarheit hatte, mir bewusst wurde, dass hier etwas nicht stimmte. Ich dachte ja schon immer, es wäre zu viel - ich habe dieses zu viel aber nie klar definieren können, da er ja nie betrunken war und wir unser Leben ganz normal, zunächst ohne Einschränkungen gelebt haben. Und er mir auch vermittelte, das wäre alles normal, ich solle mich nicht so haben. Wir waren eine nette, beliebte, gern gesehene Familie, die viele Freunde hatte, viel zusammen unternahm, sich in der Nachbarschaft wohl fühlte und in aller anderer Augen einfach nur „normal" war.

Bilderbuch

Dieser Anblick an jenem Morgen war für mich entsetzlich, das Bild und meine Reaktion habe ich noch heute vor Augen. In dem Moment ist etwas in mir zerbrochen, mir war klar, dass ich mir bis dahin etwas vorgemacht hatte - hier war die Gewissheit. Nun musste und konnte ich mir ernsthaft Sorgen mache. Ja, konnte - weil ich ja immer zweifelte, von meinem Mann versichert wurde und deshalb meinte, dass meine Sichtweise von „zu viel" völlig überzogen war. Und somit natürlich völlig falsch.

Noch immer konnte ich es nicht richtig einordnen, aber mein Bild vom unbeschwerten Familienleben fing an zu wackeln.

Es war immer mein Traum, mein Lebensentwurf, meine Vorstellung vom Glück:
eine gesunde, kleine Familie, ein Zuhause, in dem alles abgefedert werden kann, was einem draußen widerfährt. Ein Daheim, in dem man sich geborgen fühlt, sich aufgehoben weiß. Die Sorgen und Probleme gemeinsam getragen und gelöst werden. Man für einander da

ist. Sich stützt. Den Kindern ein sicheres, beschütztes Nest baut. Sie stark für's Leben irgendwann in die Welt schicken kann.

Das gibt man nicht so leicht auf, seinen Traum. Der ja auch eine Zeit lang Wirklichkeit war.

Hätte ich damals gewusst, wie viele Jahre des Lügens, wie viele durchweinte Nächte, kräftezehrende Schauspielstunden vor mir lagen, ich hätte kapituliert, hätte gesagt, das schaffe ich nicht.

Hätte man mich gefragt, was ich bereit wäre für meine Familie zu tun - es wäre ein uneingeschränktes „Alles" gekommen. Aber dieses „Alles", was dann kam, ging weit über das hinaus, was ich damals meinte, das mir bevorstehen wird.

Der Verdrängungsmechanismus, all die Maßnahmen, die erforderlich sind, um die Außenwirkung von uns als „Vorzeigefamilie" aufrechtzuerhalten, all das setzte sofort ein. Es war kein bewusst gefasster Entschluss, dazu kommt es nicht. Man setzt sich nicht hin und schnitzt einen Plan, sagt sich „oje, das darf jetzt aber erst mal niemand mitbekommen, da überlege ich mir was...".

In diesem Prozess des Lügens wächst man hinein. Man belügt die anderen, man belügt sich selbst. Solange, bis man selbst nicht mehr richtig weiß, was Wahrheit und was Lüge ist.

Ab dem Zeitpunkt mit der Bierflasche in der Küche fing mein Kontrollzwang an.

Aus der Sorge heraus, ich könnte das schon länger unterschätzt und nicht bemerkt haben und er würde noch mehr trinken, als ich mitbekam, begann ich die Flaschen im Bierkasten zu zählen. Erleichterung, wenn „es stimmte". Bodenloses Entsetzen, wenn zwischen meiner letzten Kontrolle und dem jetzt zusätzlich Flaschen leer waren. In Zeiträumen, in denen kein Normalsterblicher genussvoll ein Bier trank. Ich kontrollierte heimlich. Warum tut man das heimlich? Im

Nachhinein verstehe ich das auch nicht mehr. Wahrscheinlich, weil man bereits in den Strudel hineingerutscht ist.

Ganz entsetzlich, was der aus und mit mir machte, dieser Kontrollzwang, der sich irgendwann nicht mehr steuern ließ - er steuert einen, man wird zum Sklaven seiner eigenen Gedanken, überlegt nur ständig, schaue ich jetzt oder später oder reiße ich mich zusammen und schaue erst morgen. Schiere Angst, was mir der Blick auf den Kasten mit den Flaschen erzählt. Im Gegensatz zu meinem Mann.

Wenn wir eingeladen waren, habe ich oft beobachtet, wie die Frauen, je später und feucht-fröhlicher der Abend wurde, laut vor allen anderen zu ihren Männern sagten „ja sag mal, jetzt reicht es aber dann, das muss jetzt aber nicht mehr sein, oder?" und habe dann den Kopf eingezogen und die Reaktion und Antwort der Männer abgewartet.

Im Traum wäre es mir nicht eingefallen, mir so eine Bemerkung meinem Mann gegenüber zu erlauben. Nicht, weil mir das in irgendeiner Form verwehrt gewesen wäre, mich zu einem Thema zu äußern, anderer Meinung zu sein. Nein, das war nicht der Grund. Der Grund war, dass ich wusste, neidvoll wusste: die anderen feierten an dem Abend einfach mal „über den Durst". Und die Frauen kannten das so nicht im Alltag und billigten es auch nicht. Ganz im Gegensatz zu mir. Ich wusste, hier passiert jetzt nichts Außergewöhnliches, daheim geht immer noch ein letztes Bier. Und dieses ist dann das, das mir den Rest gibt.

Niemals wäre es mir eingefallen, hier einen Satz loszulassen, ich sah ja in seinen Augen ohnehin alles falsch. Und wenn ich dann doch mal versuchte, von hinten durch die Blume zu sagen, „hast du gehört, was die Lisa zu Michael gesagt hat?" bekam ich - richtig: keine Antwort.

Und ich wusste, hier brauche ich nicht noch einmal nachzufragen, es kommt keine.

Wie habe ich sie beneidet, diese Frauen, die solche Sätze sagen konnten und wussten, dass es ja eh die Ausnahme war. Weil ein Mensch, der so offensichtlich einmal über die Stränge schlägt, kein Problem mit dem Alkohol haben kann. Es ist eben die Ausnahme. Und selbst die werden angesprochen und nicht für gut befunden.

Ich war längst in einem ganz anderen Problem.

Und weinte mich nach solchen Abenden in den Schlaf. Unbemerkt.

Tiefpunkte

Oft dachte ich, schlimmer kann es nicht mehr werden. Man stumpft ab, findet sich mit der Situation ab, irgendwie. Manchmal war ich so kraftlos, dass ich mir nicht mal mehr Sorgen machen konnte.

Aber wie heißt es so schön: schlimmer geht immer.

Und irgendwann fühlt man sich so leer, dass man Angst hat, verrückt zu werden. Ich weiß noch, wie ich anfing zu denken: lieber Gott, lass endlich etwas passieren, damit das hier ein Ende hat. Ich selbst war unfähig, kämpfte nach wie vor - wofür? Diese Frage stellte sich nicht mehr. Es war nur noch ein immer weiter, immer weiter, nicht aufgeben, nicht untergehen.

Dann kamen sie, Tiefpunkte, die mich fassungslos werden ließen.

Da war zum Beispiel der Moment, als ich ihn fragte, ob er für mich aufhören würde. Ob er einfach mir zuliebe mal zwei Tage nichts trinken würde. Antwort kam keine, nur ein Blick. Und in dem war mehr, als tausend Buchstaben hätten ausdrücken können. Heute weiß ich es besser, damals dachte ich nur: ich bin es nicht wert. Nicht mal für zwei Tage, ich bin nicht wichtig, es ist ihm egal, dass es mir wichtig wäre.

Ein andermal kam ich von der Arbeit und er war weg. In den Urlaub gefahren. Mit dem Auto.

Ich versuchte ihn über sein Handy anzurufen, nichts. Was fühlte ich in dem Moment? Ein einziges Durcheinander. Erschrocken, besorgt, erleichtert, weil er nicht da war, ratlos. Ich musste mir für die Kinder eine Geschichte ausdenken. Dass er ein paar Tage Erholung brauche, das wäre schon in Ordnung so. Ich kann nicht beschreiben, was in mir vorging. Eigentlich nichts. Sorgen? Ich weiß es nicht. Wut? Nein. Ich nahm es hin, als hätte er mir erzählt, er kommt etwas später. Irgendwie nur fassungslose Leere. Ich stellte mich hin und kochte Abendessen. Den Kindern erzählte ich es, versuchte die Worte sorgsam zu wählen, immer darauf bedacht, dass sie nie schlecht von ihrem Vater denken.

Dann kam aber abends der Anruf von der Polizei: sie hatten meinen Mann betrunken aus dem Straßenverkehr auf der Autobahn gezogen. Führerschein weg, das Auto musste er stehen lassen.

Er hat sich nicht gemeldet bei uns, an sein Handy ging er nicht.

Da saß ich dann also, mit zwei Kindern auf dem Sofa, das Telefon in der Hand und völlig überfordert.

Er wurde bei einer Kontrolle aus dem Verkehr gezogen, hoch alkoholisiert, musste das Auto stehen lassen, er selbst verließ das Revier aber. Und war dann für mich telefonisch nicht erreichbar. Vom Ziel lies er sich nicht abhalten - er fuhr 500 km mit dem Taxi ins gebuchte Hotel.
Ich bekomme all das in der Erinnerung nicht mehr richtig zusammen, so abartig war es. Ich dachte nur noch, was würde mir seine Familie vorwerfen, wenn ihm etwas passiert und ich habe sie nicht informiert.

Das war der Moment, in dem ich seine Schwester anrief. Weil mir klar wurde, diese Verantwortung kann ich jetzt alleine nicht mehr tragen, ich schaffe es nicht mehr. Er hätte tot im Straßengraben liegen können. Und - was für mich noch viel schlimmer gewesen wäre - er hätte andere in Gefahr bringen können, unschuldige Menschen, die ahnungslos auf dem Weg nach irgendwo waren. Mit diesem Gedanken hätte ich weiterleben müssen, nichts gesagt zu haben, unfähig, ihn davon abzuhalten, betrunken Auto zu fahren.

Zwei Tage später rief mich das Hotel an, sie machten sich Sorgen, er käme nicht aus seinem Zimmer.

Die beschämenden Telefonate mit dem Hoteldirektor habe ich verdrängt, es waren viele. Schlussendlich haben Freunde ihn dort abgeholt. Freunde, die ich in diesen Tagen auch eingeweiht hatte. Nur diese. Weil ich bei ihnen die Sicherheit hatte, dass es okay war, sie mit der Situation würden umgehen können.

Bis heute bin ich unendlich dankbar für die Hilfe und die selbstlose Reaktion der beiden. Ich hätte mir in dem Augenblick nicht mehr zu helfen gewusst.

Das war nicht das erste Mal - er musste das Auto schon einmal stehen lassen, in einer normalen Tages-Straßenkontrolle wurde er mit einer Flasche Bier am Steuer erwischt. Meine entsetzte Reaktion auf seinen Anruf damals: „Kannst du mich holen? Ich muss das Auto stehen lassen" fand er maßlos überzogen damals. Und ich Trottel hatte nicht den Mut gehabt, ihm den Kopf zu waschen. Es war ein Vorfall, der einfach übergangen wurde, als wäre es das normalste der Welt. Stillschweigend weitermachen, alles ok soweit, nichts besonderes...

Mittendrin

Irgendwann weißt du nicht mehr, was wirklich stimmt.

Habe ich etwas in Bezug auf seinen Alkoholkonsum angemerkt, kam als Antwort, falls überhaupt eine kam: „Blödsinn".

Das Schlimmste daran ist, dass du dir selbst, deiner eigenen Wahrnehmung nicht mehr traust. Hier fing es an, dass ich mich selbst verloren habe, mein Ich, meinen Glauben an mich, das Vertrauen in mich selbst.

Die Lügen, die vielen falschen Antworten und Beschuldigungen, all das nagte so lange an mir, bis nur noch Knochen da waren. Im wahrsten Sinne des Wortes.
Ich habe in der Zeit viel an Gewicht verloren.

Verletzende Bemerkungen waren an der Tagesordnung. Sätze, Behauptungen, die so irrwitzig und falsch waren, dass mir die Luft wegblieb - der Kopf wusste das, aber sie trafen mich doch jedes mal wieder. Und es lief immer gleich ab: erst stand ich ungläubig vor Staunen da, dann dachte ich "...das hat er nicht gesagt, das hat er jetzt einfach nicht gesagt. Oder ich habe mich verhört." Auf die Nachfrage „Wie meinst du das jetzt?" kam dann „So, wie ich es gesagt habe." Was es nicht besser machte. Denn das konnte er so nicht gemeint haben, mein eigener Mann konnte hier nicht Dinge sagen, die so falsch waren, dass mir schlecht wurde.

Mit dieser Antwort stand ich dann da und wusste in dem Moment meistens nicht weiter. Geschult in sämtlichen Kommunikationstechniken, ausgebildet in Konfliktklärung, als Führungskraft in der Arbeit täglich meine Frau stehend - hier war ich mit meinem ganzen Wissen am Ende. Es stand mir sogar im Weg, weil ich gerne zugeworfen bekam, ich solle mit meinem psychologischen Scheiß aufhören.

Unsere Gespräche, die man wirklich nicht als solche bezeichnen kann, endeten meistens mit irgendeinem Satz, der in der Luft stehen blieb. In der Regel war ich diejenige, die dastand. Wenn er keine Antwort mehr wusste, ging er einfach.

Diese Taktik zermürbte mich. Ich stellte eine Frage und bekam darauf keine Antwort. Also gar keine. Nicht eine, die mir nicht gefallen hätte, sondern gar keine.

Wenn man nicht mehr streiten kann, beginnt die Kommunikation langsam zu sterben, sie wird überflüssig.

Ich musste mir Sachen anhören wie „...die Kinder können deine Launen nicht mehr ertragen, frag' sie doch mal. Die Tochter ist ausgezogen, weil sie es mit dir nicht mehr aushält. Im Haus machst du auch nichts, dir ist doch hier alles egal, früher hast du dich noch gekümmert..."

Diese Aussagen waren das schlimmste, für mich unerträglich. Weil sie bodenlos falsch waren, schmerzhaft ungerecht. Sie zeigten mir, dass er nicht klar sein konnte. Sagte er das, weil es sich tief in ihm drinnen danach anfühlte? Und mit dem Alkohol sozusagen die Wahrheit ans Licht kam und ihm die Zunge löste?

Die Krankheit hat so viele Facetten, ist so komplex und hinterhältig, dass man oft nicht weiß, wie einem geschieht, wie man eine Situation beurteilen soll. Ist das jetzt der Alkohol, der spricht, oder er? Ich habe manchmal vor Wut und Verzweiflung dagegen angeschrien, gegen diese Sätze, die mir den Boden weggezogen hatten. Er solle das zurücknehmen, das stimme so nicht... Wie unsinnig, aber in dem Moment überlegt man nicht, da kommen Urinstinkte zum Vorschein, die pure Verteidigung des eigenen Lebens. Man versucht sich zu retten, versucht, nicht noch mehr in sich selbst kaputtgehen zu lassen. Ein nutzloser Kraftakt - dialogfähig war mein Mann in diesen Situationen nicht.

Diese Abwertungen stürzten mich immer in tiefe Verzweiflung. Natürlich wusste ich, dass seine Anwürfe falsch waren. Aber wenn du versuchst, den Kopf über Wasser zu halten und dir dann jemand noch einen Eimer über den Kopf schüttet, verlierst du langsam den Glauben. Den Glauben an dich selbst - es fängt an, selbstzerstörerisch zu werden.

Es ging so weit, dass er es schaffte mir zu vermitteln, ich hätte einfach überzogene, falsche Erwartungen. An ihn, an eine Beziehung, an das Leben im Allgemeinen. Da war es wieder: ich war derjenige der „falsch" war, falsche Handlungen, falsche Erwartungen.

Diese Worte „falsche Erwartungen haben" haben mich ganz tief fallen lassen.

Ich war ernsthaft überzeugt, mit mir, mit meinen Erwartungen stimmte etwas nicht.

Später musste ich mühsam wieder lernen, dass es normal und gesund und völlig in Ordnung ist, Erwartungen zu haben. Jeder Mensch hat sie, und das ist wichtig. Zu dem Zeitpunkt damals haben meine eigenen Erwartungen an das Leben eigentlich nur bis zum Abend gereicht. Den Tag unbeschadet überstehen, das war alles was ich hoffte, was ich an Erwartungen hatte. Dafür lebte ich.

Wir stritten viel.

Falsch, eigentlich stritt immer nur ich. Immer nach dem gleichen Schema. Ein Satz, ein beginnendes Gespräch, Stille. Ein paar Worte von meiner Seite - er stieg aus. Wissend, dass wir wieder an dem Punkt waren, an dem es von seiner Seite nichts zu sagen gab.

Wie habe ich die Wochenenden gefürchtet, die immer gleich abliefen. Meine Versuche, das Thema Alkohol auf den Tisch zu bekommen, meine Sorgen auszudrücken und ihm zu verstehen zu geben, dass etwas aus dem Ruder läuft. Dass ER aus dem Ruder läuft. Angst, Wut, Enttäuschung, fürchterliche Verletztheit - alles zusammen und doch immer wieder: du darfst nicht aufgeben, es muss einfach etwas geschehen, bleib' dran, sprich' mit ihm...

Geendet hat es immer gleich. Ich: verheult auf der Couch, verzweifelt um Antworten flehend, er: stumm. Dann ist er aufgestanden, in den Keller, und hat sich ein Bier geholt. Und ich dachte nur - du hast es wieder getan, dasselbe wie letztes Wochenende und das davor und die gefühlt 47 Wochenenden davor auch. Eigentlich hätte ich auch eine Kassette abspielen können.

Warum gibt man die Hoffnung nicht auf, lässt es einfach bleiben?

Unfassbar, was das mit einem macht, wenn man keine Antworten bekommt, wenn Kommunikation stirbt.

Ich hätte alles gegeben für ein saftiges Streitgespräch, in dem jeder seine Sichtweisen darstellen kann, man sich zofft, ein Wort das andere ergibt...

Im Rückblick weiß ich, wie sinnlos es war.

Mein Mann war süchtig, selbstsüchtig - ich war inzwischen selbstlos, mich gab es nicht mehr.

-

Ich

Es gab einmal ein Wir. Inzwischen hatte ich nicht mal mehr ein Ich.

Wenn aus Unsicherheit Angst und dann Wut und dann irgendwann sogar Haß wird, verliert man die Lebenslust.

Irgendwann hält man es nur noch aus, weil man innerlich tot ist. Man funktioniert. Wie eine Maschine, erstaunlich lange, erstaunlich gut. Wartungsfrei.

Schlimm wurde es, wenn die Müdigkeit von vielen schlaflosen Nächten und vollen Tagen so groß war, dass ich dünnhäutig wurde, mein schützender Panzer Risse bekam, ich mich angreifbar und noch verletzlicher fühlte als sonst.

„Wie geht es dir?"

Menschen stellen diese Frage gern. Mir war sie höchst unangenehm. Aber ich war eine sehr gute Schauspielerin und die meisten Fragenden erwarten keine Antwort, maximal eine Floskel. Manchmal allerdings dachte ich kurz: wäre jetzt ein guter Moment, um zusammenzubrechen?

Was würde passieren, wenn ich jetzt, in diesem Moment, einmal die Wahrheit sage?

Natürlich habe ich das nie getan. Aber daran gedacht, wenn es mir elend ging, habe ich manchmal. Und dann überlegt, was mein Gegenüber wohl damit anfangen würde. Und mir war klar: das kann kein Mensch einfach so anhören, das will auch niemand.

Kleinigkeiten haben mich zum Weinen gebracht: jemand hielt mir die Tür auf, jemand lächelte mich einfach so beim Vorbeigehen an, freundliche Worte machten mir sofort einen Kloß im Hals. Jede Aufmerksamkeit, die ich im ganz normalen Alltag bekam, hatte für mich eine Dimension, die nicht mehr stimmte.
Die nette, ältere Verkäuferin an der Käsetheke tauschte mit mir ein paar Sätze und wünschte mir ein schönes Wochenende. Und ich schaffte es gerade noch um die Ecke, bevor die Tränen kullern. Ein schönes Wochenende, was war das nochmal? Durchstehen muss man es - von „schön" war ich soweit entfernt wie Bambi von einem Reh. Ich habe sie in diesem Moment unendlich beneidet, um ihr Leben, das Heimkommen in eine hoffentlich heile Welt. Während sie den Käse einpackte, beobachte ich sie und stelle mir vor, wie sie die Tür aufsperrt, freundlich empfangen wird mit einem „schön, dass du da bist, wie war dein Tag? Setz dich, du siehst ganz schön kaputt aus, ich habe uns etwas zu essen gekocht." Und ich möchte ihr am liebsten sagen, wie ich mich für sie freue, wie sehr sie das verdient hat, wie sehr sie das genießen soll, den Moment, den Abend, das Leben. Weil es nicht selbstverständlich ist, dass immer alles so bleibt, wie es gerade ist.

Das passierte mir in dieser Zeit sehr oft.

Ich ging auf der Straße und mir kam ein Paar entgegen, nicht mehr ganz jung, Hand in Hand. Bei diesem Anblick überrollte (und überrollt mich bis heute) eine Welle von Dankbarkeit, dass es das gibt. Ich lächelte sie an, als sie vorübergingen und bekam ein warmes Lächeln zurück, sie ließen mich etwas von ihrer Liebe spüren, schenkten mir liebevolle Aufmerksamkeit. Das war die Art Liebe, von der ich in dieser Zeit lebte, die ich bekam, die ich annahm. Staunend, wie ruhig und friedlich ein Leben auch sein kann. Mehr gab es damals für mich nicht. „Passt gut auf auf das, was ihr habt. Schützt und hütet es wie einen Schatz, geht achtsam damit um, Liebe ist das wertvollste, was es gibt. Und Seelen sind zerbrechlicher als Glas." Sagte ich ihnen in Gedanken. Und gleichzeitig dachte ich mir „oje, soweit ist es jetzt schon, dass dich das Glück anderer selbst glücklich macht".

In der Tat hat es das. Weil es mir zeigte, dass die Welt außerhalb meines Zuhauses nach wie vor so war, wie es bei mir auch einmal war. Das hat mich immer ruhig werden lassen. Paradox - aber für mich war das das schönste, wenn ich andere zusammen glücklich gesehen habe, verständnisvolle Blicke unter ihnen wahrnehmen konnte. Das erfüllte mich immer mit einem guten, wenngleich auch traurigem Gefühl. Die Welt drehte sich weiter, nur meine eigene, die war stehen geblieben.

Es gab entsetzliche Momente.

Wenn die Kinder sich nicht im Haus befanden, ich auf Anschlag war und Zorn, Wut, Ängste und Sorgen mich fast um den Verstand brachten, dann passierten Ausraster. Erst in solchen Momenten wurde mir wirklich klar, in welchem Zustand ich mich befand.

In Worte gepresste Leere schrie ich einfach raus, gleichzeitig erschrocken über das, was ich sagte. Aber nichts davon kam an. Kein Verstehen, kein Verständnis. Er wollte nicht, er konnte nicht und er hatte eine Strategie entwickelt: leerlaufen lassen. Ich sah in seinen Blicken einfach nur Fragezeichen, kopfschüttelnde uninteressierte Fragezeichen. Er verdrehte die Augen und schaltete einfach ab. Ich beruhigte mich immer schnell wieder, verbrannte regelrecht alle Energiereserven, fühlte mich erschöpft und ausgelaugt und dann schaute ich ihn an und fragte: „Was sagst du dazu? Bitte, sag' etwas. Wie soll es weitergehen?" Selten kam überhaupt eine Antwort, und wenn, dann außer einem „was soll ich jetzt dazu sagen?" ein verächtliches „schau dich doch mal an, du hast dich ja nicht mehr im Griff!"

Unfassbar, mich überfällt heute noch Übelkeit, wenn ich nur daran denke.

Ich war emotional und körperlich restlos erschöpft. Ein- und Durchschlafschwierigkeiten hatte ich schon jahrelang. Ich gewöhnte mich daran mit einem Maß von 4 Stunden - und das nicht am Stück - auszukommen. Die Müdigkeit wurde Teil von mir, man merkt nicht mehr, dass man ein Defizit hat - man ist ein Defizit.

Die Folgen davon waren Dauerübelkeit, Kopf-, Rücken- und tobende Nackenschmerzen als Ergebnis der Daueranspannung. Auch das nahm ich nicht mehr wahr, der Zustand wurde irgendwann zur Normalität, ich lernte, mit einem konstanten Pegel an Dauerschmerzen zu leben.

Manchmal war mir schwindelig von den ewigen emotionalen Loopings. Innerlich schrie und tobte ich, äußerlich wirkte ich einfach nur noch müde und erschöpft. Reden konnte ich nicht. Mit wem auch?

Klar, ich ging zum Arzt, zum Orthopäden. In der Regel schauten sie mich nicht mal an, Krankengymnastik, Tabletten, fertig. Bis mir einer mal ein paar Minuten mehr schenkte, sich das MRT-Bild anschaute und meinte: „Diese Schmerzen, die Sie haben, können nicht nur von der Wirbelsäule kommen - wie geht es Ihnen?" Ich konnte nicht, ich schaffte es nicht - aber ich war kurz davor. Kurz davor, diesem fremden Menschen, der mich mit einem warmen, besorgten Blick fragte und es auch wirklich wissen wollte, diesen Satz zu sagen. Diesen einen einzigen Satz: mein Mann ist Alkoholiker. Die Arzthelferin kam herein, somit schluckte ich die vier Worte runter - er bemerkte aber noch meine glänzenden Augen und gab mir ein paar unmissverständliche, fürsorgliche Worte mit auf den Weg - nicht wirklich wissend, ich denke jedoch, ihm war klar, dass da etwas war.

Ich wurde immer dünner. Hunger verspürte ich keinen, ich aß, wenn ich daran dachte. Manchmal hatte ich den Eindruck, ich ernährte mich von all den ungesagten Dingen, die ich verschluckte. Der Magen war voll davon, es war kein Platz für anderes, das Hungergefühl verschwand irgendwann.

Es kam oft vor, dass mir übel war und ich überlegte, von was - um festzustellen, dass der letzte Bissen gestern war. Und trotzdem hatte ich Kraft für Sport.

Woher auch immer diese Energie kam - sie rettete mich, der Sport rettete mich. Heute weiß ich das, es wird sogar empfohlen, wenn man psychisch erschöpft ist, einen Ausgleich im Sport zu suchen. Ich wusste nichts von diesem therapeutischen Ansatz - für mich war das eines Tages ein rettender Strohhalm.

Wütend, ohnmächtig dachte ich mir nach einem Ereignis, das nicht mal besonders war - ich muss jetzt auf mein Mountainbike, sonst passiert hier gleich was.

Maßlose Wut, ein Gefühl der totalen Hilflosigkeit und ein „ich verstehe die Situation nicht mehr" - ich schlüpfte in meine Schuhe und meine Sportklamotten, trat in die Pedale und nach einer halben Stunde rasenden Tempos über die Felder, durch den Wald, am Fluß entlang flossen die Tränen. Sie flossen, wie schon lange nicht mehr. Ich begegnete niemandem, konnte wie verrückt Geschwindigkeit aufnehmen und merkte, wie dringend ich das brauchte. Dieses Gefühl, hier bin jetzt nur ich, ich muss auf niemanden Rücksicht nehmen, um mich rum ist nichts, nur ich, mein geliebtes Mountainbike und die Natur. Es will niemand etwas von mir, es passiert mir nichts, es geht nur um das hier und jetzt. Und ich fing an zu schreien. Leise erst, dann lauter, sehr laut. Es war ungewohnt zu Beginn, aber es hörte mich ja keiner. Ich verriet nichts und musste mich nicht schämen, ich konnte alles einfach rausschreien, ohne dass es Folgen hatte. Und ich tat es. Es kam zu Beginn nicht viel. Ich erinnere noch gut, dass es anfing mit dem Satz: „Ich will das nicht mehr, ich will das einfach nicht mehr." Später kam noch ein verschämtes „ich kann nicht mehr" dazu. Dieses „ich will das nicht mehr", das klingt mir noch heute in den Ohren. Es kam aus tiefster Seele, aus tiefstem Herzen, es schüttelte mich, als ich es rausschrie.

Sobald ich wieder daheim war, war es verschwunden. Die Situation nahm mich gefangen, ich fiel sofort wieder in meinen Funktionsmodus, die Worte waren nicht mehr präsent. Ging ich durch die Haustür, hatte ich das Gefühl, ich betrat mein eigenes Gefängnis, mit Regeln, die draußen nicht bekannt waren und auch nicht galten. Niemand zwang mir diese auf, ich selbst hatte sie mir gebaut, diese Mauern. Die keinen Schutz gaben, sondern mich abschnitten von der bunten, hellen, warmen, weichen Welt da draußen.

Heimkommen wurde zum miesen Gefühl.

Der Sport schlich sich ungeplant in mein Leben, aber er wurde überlebenswichtig für mich. Aus einem Abreagieren an einer Situation wurde eine fast schon zwanghafte Regelmäßigkeit, die mir irgendwie das Leben rettete. Zum Schluss fuhr ich 5-mal die Woche - es war Sommer - abends nach der Arbeit mit meinem Mountainbike, immer dieselbe Runde, 30 km. Es kam dann noch Pilates und Gymnastik dazu - irgendwie schaffte ich das alles, neben einem Vollzeitjob, einem Haus, das ich in Schuss hielt, einem wachsamen Auge auf meine Kinder, wissend um alles, was sie beschäftigte, da ich eine sehr enge Verbindung mit den beiden hatte und jeden Abend frisch gekochtem Essen.

Im Bett war ich dann erst sehr spät - aber wozu auch früher, ich konnte eh nicht schlafen. Da ich zu dem Zeitpunkt keinen Appetit mehr hatte, weder auf's Essen, noch auf's Leben, nahm ich über 10 Kilo in kürzester Zeit ab. Mir war das egal, ich bemerkte es nicht. Aber die Menschen um mich rum. Zu Beginn ignorierte ich die Anmerkungen noch, Figurprobleme hatte ich noch nie, auch nach zwei Kindern hatte ich noch dieselbe Kleidergröße wie davor, sportlich war ich auch schon immer - also alles im grünen Bereich.

Erst als ich mich einmal in der Umkleidekabine, bei denkbar schlechtem Licht, in einem „Rundrumspiegel" sah, erschrak ich. Ich erschrak mich vor den vorstehenden Hüftknochen und Schulterblättern, dass mir die Tränen kamen.

Jede Frau ist gerne schlank - das, was ich sah, war nicht mehr schön, das sah krank aus.

Ich hatte nicht nur mich, sondern auch jeden Maßstab verloren, meinen Selbstkontakt, meine Selbstfürsorge sind verschwunden, langsam, leise, konstant.

Von Freunden zog ich mich immer mehr zurück, dieses ständige Lügen schafft man auf Dauer nicht - und es glaubt einem auf Dauer auch niemand mehr. So wurden meine wertvollen Freundschaften immer einseitiger.

Ich war wohl noch eine gute Freundin - aber man konnte mir keine mehr sein.

Weil ich es nicht zugelassen habe, in meiner Sprachlosigkeit sehr oberflächlich im eigenen Erzählen wurde. Da ich nach alltäglichen, lösbaren Problemen regelrecht lechzte, fiel es mir nicht weiter schwer, allen anderen zu helfen. Ich war schon immer ein gesuchter Ansprechpartner für die Sorgen anderer. Jetzt half mir diese Eigenart auf besondere Weise, es lenkte mich von meinen eigenen Problemen ab.

Einerseits war ich oft verunsichert: sehen die das jetzt echt als Problem, was sie mir da erzählen? Waren das echt Sorgen, die einem den Schlaf rauben? Ach je, eine Nacht nicht geschlafen? Du Arme. Ich bedauerte wie erwartet und dachte mir dabei oft: du weißt zum Glück nicht wie es ist, keine Nacht zu schlafen.

Manchmal fiel es mir schwer, nicht ungerecht zu werden. Für jeden Mensch ist sein Problem so groß, wie er es werden lässt. Es bemisst sich am Rest, der einem widerfährt. Und dann freute ich mich, dass ich - bedingt durch meine eigenen Sorgen - die der anderen ein Stück weit, zusammen mit ihnen, ins richtige Licht richten konnte, das Drama rausnehmen und den Blick wieder nach vorne richten. Ihnen mitgeben konnte, dass ihnen da gerade nichts Unlösbares widerfährt, sondern dass das der Alltag war, der manchmal einfach knirscht.

Ich wuchs in meine Rolle, ohne dass mir das Ausmaß bewusst wurde. Für Krankheiten hatte ich keine Zeit oder ich hatte sie nicht bemerkt und übergangen. Das Verhältnis zu meinem körperlichen Befinden wurde komplett vom seelischen Durchhalten überlagert. Körperliches Schmerzempfinden, damit konnte ich umgehen.

Meinem Körper bin ich dankbar, er hat durchgehalten, weil er wusste, ich brauche ihn.

Die ewige Sorge um die Kinder, den suchtkranken Mann, die gesamte Situation, haben verhindert, dass ich zusammenbreche.

Konsequenzen zu ziehen, das kam für mich nie in Frage. An ein Weggehen habe ich nie gedacht, ich dachte immer, es hört wieder auf, war voller Hoffnung, dass sich nochmal alles ändert. Heute weiß ich, es ist einfach ein Augen-zu-machen, eine riesengroße Angst, was dann werden soll, ein Festhalten, ein zwanghaftes Festhalten am Bild dessen, was ich gerne gehabt hätte. Und was längst nicht mehr existiert hat. Ich war Weltmeister im Verdrängen.

Als ich nicht mehr weiterwusste und merkte, dass mir die Kraft ausging, auch die des „Schönredens", suchte ich mir eine Therapeutin. „Sind Sie suizidgefährdet?" - „Manchmal denke ich mir, wie schön, wenn das alles einfach ein Ende findet, ich finde nämlich keines. Na und?" Die Tiefe meiner eigenen Aussage kam bei mir gar nicht an, die Therapeutin war alarmiert. Ich dachte nur, meine Güte, hab dich nicht so - wenn es vorbei ist, ist es einfach rum, ist doch nicht verkehrt.

Voller Scham, die ersten Sitzungen wusste ich gar nicht richtig, was ich sagen sollte, weil ja nicht ich, sondern mein Mann ein Problem hatte. Dachte ich. Und so habe ich mich mit ihr mühsam und langsam hingearbeitet an mein eigenes Ich, an das, was mich einmal ausmachte. Es fiel mir unglaublich schwer in diesem Kontext - warum musste ich zu einem Psychologen, wenn mein Mann krank ist? In der Mittagspause, so, dass niemand etwas bemerkte, hetzte ich zu dem Termin. Wann hätte ich das sonst auch einbauen sollen bei meinem vollen Tag? Das war nicht richtig, ich nahm mir selbst für diesen Termin, der ja für mich sein sollte, nicht ausreichend Zeit. Weg vom Schreibtisch, den Kopf noch im Unternehmen, sollte ich hier dann schnell umdenken - dumm, ich war hier einfach nur dumm und habe funktioniert, wie überall anders auch. Selbst diese Stunde musste irgendwie in meinen Tagesablauf noch reinpassen, ohne, dass jemand etwas bemerkte.

Mein Mann wusste, dass ich eine Therapie machte - den Grund sah er in meiner Unfähigkeit, mit meinem Leben klarzukommen. Der Gedanke, dass hier vielleicht der Auslöser in einer Situation lag, die ich nicht selbst geschaffen hatte, kam ihm nicht. Und somit ritt ich mich noch weiter in mein Bild „selbst schuld, diejenige, die hier Probleme hat, bist du selbst".

Manchmal tat mir die Therapeutin leid, weil sie es nicht schaffte, einen Zugang zu mir zu finden. Ich war so verschlossen, dass es nicht möglich war, jemandem ein bisschen von meinem echten Ich, von meinen Ängsten, Sorgen, Problemen zu zeigen.

Manchmal kam ich zu der Stunde, setzte mich hin und weinte einfach nur. Wortlos, was sollte ich auch dauernd reden, ich hatte gelernt, dass das eh keinen Sinn macht. Mir niemand zuhört. Und wenn, dann nur, um mir zu sagen, dass ich etwas falsch sehe und was ich tun oder fühlen soll. Auf dem Rückweg zum Büro schaute ich schnell in den Spiegel, rutschte mein Make-up wieder zurecht und arbeitete weiter.

Die Therapeutin war manchmal regelrecht verschreckt, weil ich einerseits kraftvoll reingestürmt kam (klar, ich hatte nur begrenzt Zeit, sich hier fallenzulassen hätte nicht geklappt), andererseits leer und ausgebrannt war. Auf Fragen von ihr keine Antworten hatte. Oder sie ihr nicht geben wollte. Weil ich sie mir damit auch selbst gegeben hätte - und genau das ließ ich ja eben nicht zu. Irgendwie war mir klar, wenn ich hier jetzt anfangen würde offen und ehrlich zu sein, meine ganze Verzweiflung und Angst, meine Verstörtheit zuzulassen, würde ich keine Kraft mehr haben, alles zu schaffen. Paradox, ich drehte mich im Kreis.

Allerdings schaffte sie es, mir einen Raum zu geben, in dem ich erforschen konnte, was ich fühlte und dachte, ohne dass das be- und verurteilt wurde. Es dauerte, bis ich begriff, dass ich hier in einem geschützten Raum war, aber nach und nach bekam ich so wieder ein wenig Sicherheit und verstand, dass ich dringend etwas für mich tun musste. Wie, das war mir nicht klar - aber dass es notwendig war, das wurde mir sehr klar. Nur: ich sah natürlich keinen Weg, wo und wie ich für Entspannung für mich sorgen sollte.

-

Die Kinder

„Hör' endlich auf mit deinem alles-wird-wieder-gut. Nichts wird wieder gut."

Und dann weinte und schrie er, schlug vor Verzweiflung und Wut mit der Faust gegen die Wand. Ich habe ihn nie zuvor und nie wieder danach so weinen und schreien hören. Mein Sohn, mein toller Sohn, er litt in dem Moment Höllenqualen und ich konnte sie ihm nicht nehmen. Diese Szene wird in meinem Mamaherz wohl immer eingebrannt sein.

Sie wussten lange nichts davon. Ich fürchtete um das Wohl der Kinderseelen, wollte ihnen quälendes Wissen ersparen. Wie sich jedoch später zeigte, hatte gerade das Nichtgesagte, das Verschwiegene, enorme Konsequenzen für die beiden.

Ich dachte lange, sie wären kognitiv noch nicht in der Lage, das zu verstehen, emotional wollte ich sie schützen, ihre Kindheit, ihr Familiennest, ihr Bild von ihrem Vater.

Man kann sich fürchterlich irren im Leben.

Die ersten Aufenthalte in der Entzugsklinik habe ich den Kindern noch verschweigen können. „Kreislaufprobleme" war die offizielle Version - für die Kinder, wie für alle anderen.

Besuche konnte ich abwehren, der Papa kommt in ein paar Tagen wieder, das schaffe ich nach der Arbeit nicht, mit euch da hin zufahren... Ob sie es geglaubt haben, ich weiß es nicht. Vielleicht ja, vielleicht wollten sie es auch einfach glauben.

Als er das zweite Mal in der Entzugsklinik landete, sprach ich mit den Kindern.

Es war die Hölle. Geahnt hatten sie natürlich schon längst etwas, die Gewissheit lies sie zusammenklappen. Es tat mir so unendlich weh, ihnen die Wahrheit sagen zu müssen. Aber es ging nicht mehr anders. Wir weinten zu dritt, kraftlos, überfordert, unendlich traurig. Und nicht wissend, wie es weitergehen wird. Es hat mir die Luft abgeschnürt zu sehen, was sich in den Gesichtern der beiden abgespielt hat.

Und ab da, so hatte ich das Gefühl, wurde es erst mal noch ein bisschen schlimmer.

Man sagt, Ungewissheit macht mehr Angst als Wissen. Mag sein. Das Wissen darum, dass man in einer Situation ist, die einem Angst macht, diese Sicherheit, ja, jetzt ist es so, es ist wahr und geht auch nicht mehr weg - die macht es nicht unbedingt leichter im ersten Moment. Dass das nicht gesund sein konnte, war mir klar. Ich bot ihnen immer wieder an, darüber mit vertrauten Personen aus der Familie zu reden, wissend, dass es gar nicht so einfach ist, sich hier zu öffnen. Dass ich alleine nicht ausreichen würde, war mir bewusst.

Klar, sie wussten und sie sahen es, dass ich auch kaputt und traurig war. Aber wie hätte ich vor ihnen alles rauslassen können, das ging nicht - dass ich mir große Sorgen machte, konnte und wollte ich allerdings nicht mehr verbergen in dem Moment.

Wir hatten immer ein gutes, warmes, intensives Verhältnis mit den Kindern, in alle Richtungen. Dass mein Mann das Emotionale immer mir überließ und sich eher für die anderen Dinge einsetzte, das ist, glaube ich, öfter die „Aufgabenteilung" in einer Familie, bei uns war jedenfalls so.

Vielleicht war das der Grund, weshalb die beiden nicht den Mut hatten, ihren Vater anzusprechen.

Das war ein großer Fehler von mir, ich hätte das in irgendeiner Form machen sollen, dass sie mit ihrem Vater darüber reden. Aber es war nicht möglich. Er sprach ja schon mit mir nicht darüber, wie hätte er da zu den Kindern etwas gesagt.

Nein, es wurde totgeschwiegen.

Und fast selbstverständlich entwickelten jetzt auch die Kinder so etwas wie einen 7. Sinn, schauten genau hin, was ihr Vater machte, wie er wirkte, warum er nicht mitkam, wenn wir eingeladen waren oder etwas unternehmen wollten. Und schwiegen. Auch sie. Dieses unendliche Schamgefühl, dieses absolut paradoxe Schamgefühl, sie zeigten es sofort auch. Ich habe ihnen nie gesagt, dass sie mit ihren Freunden nicht darüber reden dürften. Aber auch sie verstummten anderen gegenüber.

Die Kinder machten nie sonderlichen Blödsinn, es gab nie Probleme mit ihnen, wir mussten uns keine Sorgen um sie machen. Da beide Leistungssport auf hohem Niveau betrieben, waren sie ein Stück weit durch die Pubertät gerutscht, ohne den Eltern die normalerweise üblichen „schwierigen Zeiten" zu bescheren. Das alles kannten wir nicht.

Nun waren sie mit einer Sache konfrontiert, die sie komplett und rücksichtslos überforderte. Sie hatten auch nicht die Möglichkeiten wie andere Jugendliche, sich fallenzulassen in das Loch, das sich auch für meine beiden auftat. Unfreiwillig - das sucht sich wohl niemand bewußt aus - wählten sie den Weg, sich einzubuddeln. In ihren Sport, in ihre schulischen Leistungen (die erstaunlicherweise nicht einbrachen, wie auch immer die beiden das fertig gebracht haben) und in den strukturierten Alltag. Es war mir überaus wichtig, den aufrecht zu erhalten, es wenigstens zu versuchen und ihnen das Gefühl zu vermitteln: es geht alles weiter wie bisher, nur haben wir halt jetzt offiziell einen Alkoholiker in der Familie. Sonst geht es uns gut.

Solch eine Katastrophe lässt sich nur ertragen, indem man sie runterbricht auf ein Maß, das einen sein eigenes Leben weiterleben lässt, in der irrsinnigen Hoffnung, morgen wachen wir alle auf und es ist alles wieder wie vorher....

Die Tochter, ihr 18. Geburtstag.

Nie im Leben werde ich diesen Tag vergessen, es war der Tag, bevor sie auszog. Planlos, fluchtartig. Zu einer Freundin in die WG.

Ich wollte ihr einen schönen Tag machen, einen unvergesslichen Geburtstag - rein ins offizielle Erwachsenenleben. Vormittags ein großer Brunch mit der Familie und den Verwandten im Garten, am Abend ein Grillfest für ihre Freunde, so hatte sie es sich gewünscht.

Ich hatte alle Hände voll zu tun, das alles zu organisieren, praktisch zwei Parties an einem Tag. Die Nacht davor habe ich alles geschmückt, vorbereitet was ging und habe mir nur gedacht: hoffentlich geht alles gut, nur heute, bitte lass nur heute alles gut gehen.

Es wurde ein Fiasko.

Die Gäste kamen am Vormittag, mein Mann verschwand auffallend oft und überflüssigerweise in den Keller, auch in die Garage. Jedesmal dachte ich, nein, bitte lass ihn nicht trinken, er wird das heute nicht tun, für seine Tochter - und vor allen Leuten.

Das war umsonst gewünscht. In einem Anfall von Wut (er hatte getrunken) pfiff er die Nachbarn zusammen, warum sie ihre Kinder nicht besser im Griff hätten, es kam zu einem fürchterlichen Zerwürfnis und ich dachte einfach nur noch, liebe Erde, mach' auf und verschlucke mich.

Ich versuchte, die Situation zu beruhigen, ging zu den Nachbarn und entschuldigte mich (wofür und womit weiß ich nicht mehr) für sein Verhalten. Sie waren völlig perplex, so hatten sie ihn noch nie erlebt. Die Gäste im Garten versuchten so zu tun, als hätten sie nichts mitbekommen und waren sichtlich betreten. Wir taten dann so, als wäre nichts passiert und versuchten etwas verkrampft, diesen Brunch zu Ende zu bringen. Er war betrunken, diesmal war er einfach betrunken. Ohne schwanken oder lallen, aber betrunken. Am helllichten Vormittag.

Mir war klar, dass ich die Abendfeier für meine Tochter noch irgendwie über die Bühne bringen musste. 30 Menschen, die ausgelassen und fröhlich - natürlich auch mit viel Alkohol - einen 18. Geburtstag feiern wollten. Mir war Angst und Bang. Weil keiner etwas von dem Drama am Vormittag wissen konnte oder ahnte, brachten die Freunde alle gute Laune mit und wenn man nichts wusste, fiel einem auch nichts auf. Ich war in Daueranspannung und hatte ständig ein Auge auf ihn, unbemerkt.

Die Party verlief oberflächlich gut - am nächsten Morgen zog die Tochter aus. Völlig überraschend, ohne Vorankündigung, einfach so. Ich konnte es verstehen und auch wieder nicht, dachte mir, ja, rette dich, geh', du musst das hier nicht aushalten, wäre ich du, ich würde auch gehen - und war wie narkotisiert, konnte es in dem Moment nicht richtig fassen und begreifen. Es riss mir ein Loch ins Herz.

Schlussendlich aber war es für sie die richtige Entscheidung, sie brauchte den Abstand.

Für mich war es ein weiteres „und wie schaffe ich das jetzt noch?". Ich wollte nicht, dass sie es merkt, sie sollte sich um sich selbst kümmern, und das war in dieser Atmosphäre nicht möglich.

Sie war ein paar Jahre zuvor an einer Essstörung erkrankt, hatte mit Depressionen zu kämpfen und war zwischendurch immer wieder in der Klinik wegen Herzrhythmusstörungen und unerklärlichen Kreislaufzusammenbrüchen. Ob es mit dem Leistungssport zusammenhing, bei dem sie sehr erfolgreich von der Jugendauswahl bis zur Nationalmannschaft durchstartete und hier einem enormen Druck ausgesetzt war, ob die Situation daheim ihren Teil beigetragen hatte oder doch eine körperliche Disposition vorlag - wir konnten es nie klären, trotz unzähliger Untersuchungen bis hin zu Spezialkliniken.

Was ich tun konnte, war, immer da zu sein. Egal, wie es mir selbst ging - für meine Tochter hatte ich immer Kraft. Immer Zeit. Lies alles stehen und liegen, wusste auch bald, damit umzugehen.

Den Notarzt hatte ich öfter da, als mir lieb war. In Panik versetzte mich das nicht mehr, auch nicht die verschiedenen Aufenthalte auf der Intensivstation, auf der sie zur Überwachung dann wieder lag, wenn der Puls zu verschwinden drohte.

Es gab Zeiten, da waren sie und ihr Vater zeitgleich in der Klinik, und ja - auch das galt es für mich dann irgendwie hinzubekommen. Es kam halt einfach noch mit dazu.

Die Sorgen um mein Kind ließen mich oft verzweifeln, ich musste sie ja auch alleine tragen - mein Mann hatte hierzu keinen Bezug, war mit sich selbst beschäftigt und empfand das wohl auch nicht als besonders besorgniserregend. Ich erinnere noch, wie er versuchte Witze darüber zu machen, dass sie einmal sogar gleichzeitig in derselben Klinik lagen, da hätte ich ja dann nur einen Weg - ich konnte darauf nicht reagieren, weder wütend noch sonst wie, ich war einfach nur noch entsetzt über sowenig Gefühl für die Situation und wusste auch hier wieder: wie es mir ging, das war jedem egal, nicht nur egal, es gab keinen Raum für mich. Keine Zeit für Jammern oder sich Bedauern - ich tat, was ich konnte. Und das bestand einfach nur aus immer da sein. Ich war Tag und Nacht in Alarmbereitschaft, hatte das Handy immer an und bei mir, und bin nicht nur einmal aus der WG, in der sie wohnte, angerufen worden, dass ich kommen soll.

Wir lernten mit den Momenten klarzukommen, meine Tochter und ich. Jede auf ihre Weise. Ich wusste, dass sie mir immer signalisieren würde, wenn sie mich brauchte und spürte es oft schon, bevor der Anruf kam. Dass wir dann so gelassen reagieren konnten, ich keine hysterische Mutter und meine Tochter keine angstverstörte Patientin war, verblüffte die Ärzte manchmal - die waren oft mehr in Sorge als wir. Weil wir inzwischen die Sicherheit hatten, dass es wieder wird und wir im Moment in den besten Händen waren. Mehr konnten wir nicht tun. Es schweißte uns natürlich noch mehr zusammen, diese Nächte in der Notaufnahme, wenn wir dann endlich wieder in der Früh um vier daheim waren, manchmal zusammen, manchmal blieb sie über Nacht - ich stand ein paar Stunden später wieder im Büro. Erzählt habe ich das irgendwann nicht mehr - ich fühlte mich wie in Watte, stand den Arbeitstag irgendwie durch, perfektionierte meine Schauspielkunst und war froh, wenn ich abends im Bett lag. Mit dem Handy neben mir, für den nicht unwahrscheinlichen Fall, dass es klingelte. Das ist mir bis heute geblieben, richtige Ruhe ist für mich verloren gegangen.

Sie schaffte es, meine Tochter schaffte alles. Ich wusste, ich konnte sie nur begleiten, da sein, unterstützen - all meine vorhandene Kraft hatte ich für sie und das war noch eine Menge. Wo die herkam, wusste ich manchmal selbst nicht mehr. Dieses junge Leben war aus dem

Tritt, ich wusste nicht, welchen Anteil die Situation daheim hatte - ich wusste nur, ich würde alles dafür tun, dass sie da durch kam. Weil noch so viel schönes auf sie wartete.

Und das haben wir, das hat sie geschafft.

-

Die Anderen

Das Versteckspiel ging lange gut. Sehr lange, viel zu lange. Irgendwann dachte ich verzweifelt, warum spricht ihn denn niemand an? Fällt denn niemandem auf, was hier passiert? Warum spricht uns niemand an? Warum fragt niemand?

Wenn es keiner sieht, kann es ja noch nicht so schlimm sein, bestimmt übertreibe ich maßlos, habe mich reingesteigert.

Niemand, keine Freunde, keine Verwandten, keiner einziger hat auch nur mal eine Bemerkung gemacht. Wie auch.

Es gab keinen Grund, er hat in Gesellschaft nie mehr getrunken, als auffällig gewesen wäre. Keine Ausfälle, nach außen völlig unauffällig, dass Bier sein Lieblingsgetränk war, war über die Jahre längst bekannt.

Dass die Gesichtsfarbe von normal so langsam ins violette wechselte, das war deutlich sichtbar. Dieser Anblick tat mir in den Augen weh, es wurde ab und an erwähnt, ob er denn einen hohen Blutdruck habe? Mehr nicht.

Heute weiß ich, dass das Wegschauen von Freunden und der Familie eine leider ganz normale Reaktion war, es war kein nicht-sehen, sondern ein betretenes Wegschauen. Eine Mischung aus uns nicht zu nahe treten wollen, vielleicht falsch liegen, sich nicht einmischen - aber auch sich nicht mit den Problemen belasten wollen.

Mein ausgeklügeltes System von Lügen, Halbwahrheiten und Beschwichtigungen funktionierte so gut, dass niemand eingeschritten ist, mich gepackt und geschüttelt hat.

Ich hatte eine sehr stabile Abwehrstrategie.

Was aus meiner Sicht dem eigenen Schutz und dem Schutz der Familie diente und ein Akt der Autonomie ist, bedeutete für die anderen Lüge, Betrug, Verrat.

Mir kamen zum ersten mal im Leben meine eigenen Glaubenssätze aus der Kindheit sehr klar ins Gedächtnis. Hatten meine Eltern gestritten, hieß es immer „was daheim passiert bleibt hier, das geht niemanden da draußen etwas an!" „Nimm dich nicht so wichtig, stell' dich nicht so an, glaub' mal ja nicht, du bist etwas Besonderes." Sätze, die sich mir so tief eingebrannt hatten, dass mir erst im Rückblick bewusst wurde, wie sehr sie mich prägten. All diese Themen kamen in der Situation zum Tragen und ich befolgte sie - unbewusst - alle.

Von außen betrachtet war meine Lebenssituation wohl der reine Wahnsinn.

Wir unternahmen immer weniger mit den Freunden. Einen offiziellen Grund, dass wir uns so zurückgezogen hatten, gab es natürlich nicht, der war auch nicht notwendig - das war ein Prozess, der unbemerkt einfach so fortschritt. Früher hatten wir oft das Haus voll und nutzten jeden Anlass für eine schöne Party. Ein Glühwein ums offene Feuer im Garten, wenn es kalt war, ein großes Nudelessen mit Bergen von verschiedenen Soßen, Nikolausfeiern, bei denen einer für uns alle ins Kostüm kletterte - wir liebten es, viele Menschen daheim zu haben, ich fand das immer toll. Worauf die Freunde es zurückführten, dass das alles einschlief - ich weiß es nicht. Jeder war wohl sehr mit sich selbst beschäftigt zu der Zeit, das Leben ändert sich mit und vor allem durch Kinder, Gewohnheiten, auch lieb gewordene, weichen anderen Dingen.

Ich habe es vermisst, sicher. Allerdings habe ich es auch nicht mehr geschafft, dieses Spiel in meinem eigenen Zuhause zu spielen. Die letzten Male, an denen wir feierten, war ich mit wachsamer Beobachtung beschäftigt, wie oft mein Mann grundlos in den Keller verschwand, wie er wirkte, wenn er wieder hochkam, ob es denn auffallen könnte und und und. Das ertrug ich nicht mehr. Also ließ ich es. Und entkam so einer Konfrontation, dem eventuellen „Auffliegen".

Für die Arbeit hat es bei ihm immer gereicht. Er hatte ein schlaues System entwickelt, mit dem er durchkam. Manchmal machten wir uns alle morgens alle ganz normal auf den Weg: Schule, Büro. Wenig später kam dann die Nachricht, er hätte ...Kopf-Müdigkeit-Magen-Übelkeit... und würde wieder heimfahren, er könne sich so nicht konzentrieren. Vorgefunden habe ich ihn dann im Bett. Selbst hundemüde und abgearbeitet, aber er konnte es für sich organisieren, dass er sich einfach aus dem Tag und dem Leben ausklinkte. Blanke Wut erfasste mich da jedes Mal. Müdigkeit? Kopfweh? Schlecht? - ich hätte gar nicht mehr aufzustehen brauchen, wenn es danach gegangen wäre.

In der Arbeit funktionierte es für ihn anscheinend, es gab keinerlei Probleme. Ich hatte keinen Kontakt zu seinen Arbeitskollegen und dachte nur immer, wenn die nicht ganz blind sind, müssen sie etwas mitbekommen, das kann nicht sein.

Aber es gab nie etwas, nichts. Es war mir völlig schleierhaft, aber so war es. Er konnte es so steuern, dass er sich seine Auszeiten nahm, manchmal gleich tageweise. Ob er tagsüber im Büro eine Möglichkeit zum Trinken hatte, wusste ich nicht - auf dem Nachhauseweg war es dann auf jeden Fall soweit.

Manchmal hatte ich furchtbare Angst, dass er mich irgendwann einfach mit der Information konfrontieren würde, dass er gekündigt wäre. Da ich ja wusste, dass er mir nichts erzählte, rechnete ich damit, irgendwann einfach knallhart mitgeteilt zu bekommen, dass er ein Gespräch in der Arbeit gehabt hätte. Wenn mir diese Gedanken kamen, lenkte ich mich blitzschnell mit irgendetwas ab, verdrängte diese Vorstellung und machte weiter. Hatte ich ja gelernt, ich war erprobt und geübt im Wegschieben von „was-wäre-wenn" Gespinsten, sonst wäre ich durchgedreht. Die Grundanspannung, die war allerdings immer da, unbewusst, ein diffuses Gefühl der absoluten Habacht-Stellung.

Die ersten längeren Ausfälle, Aufenthalte auf der Entzugsstation hatte er wohl noch mit den bekannten „Kreislaufproblemen" ganz gut vertreten können. Auch hier dann von Seiten seiner Kollegen gute Besserung, oje, erhol dich..... Mir drehte ich jedes mal der Magen um, wenn ich dazu freundlich lächelte und mitspielte.

Und still darauf hoffte, dass es endlich aufflog. Die Konsequenzen wären mir da schon egal gewesen, nur raus aus dem Albtraum.

Der Anfang vom Ende, einige Zeit zuvor

„Hast du etwas getrunken?" „Nein."

Die Wahrheit wäre eine Chance für uns gewesen, eine Chance, etwas zu tun dagegen. Ich hätte mitgemacht, ich hätte alles getan, nur damit wir aus diesem Albtraum rauskamen und wieder ins normale Leben zurück finden. Aber es kam nichts.

Irgendwann habe ich diese Frage das letzte Mal gestellt.

Von dem Moment an war etwas weg, was irgendwo in mir noch schlummerte. Ein Rest von Hoffnung auf ehrlichen Umgang miteinander und ein Rest von Vertrauen.

Lange, viel zu lange gab ich mich damit zufrieden, konfrontierte ihn nicht mit meinem Misstrauen, zog seine Antwort zwar in Zweifel, aber nur still. Bezeichnete mich selbst als hysterisch, überzogen in der

Wahrnehmung. Obwohl doch klar war, dass er natürlich getrunken hatte. Seinem „Nein" stand mein „aber das riecht man doch" entgegen. Er log, er log mir mitten ins Gesicht. Weil die Wahrheit alles nur noch schlimmer für ihn gemacht hätte, für mich aber vielleicht Lösungsmöglichkeiten eröffnet.

Und was hat das mit mir gemacht? Ich wusste nicht mehr, was ich noch glauben konnte und was nicht. Aber das schlimmste: ich habe meiner eigenen Wahrnehmung nicht mehr geglaubt. Mein Gefühl für eine Sache, für eine Situation, es war nicht mehr da.

Wozu noch Fragen stellen, wenn die Antworten gelogen waren?

Dass das der Zeitpunkt war, in dem auch die Kommunikation noch weiter wegbrach, wurde mir erst hinterher klar.

Aufhören war nie eine Option. Wie oft bat ich ihn, beweise es mir, trink doch einfach mal ein paar Tage nichts. Keine Antwort. Also, wie gewohnt, keine blöde oder freche Antwort, einfach keine. Damit kam er immer wunderbar durch. Und trieb mich damit in den Wahnsinn.

Diese ewigen Beteuerungen, die man von anderen kennt „ab morgen hör ich auf, ich trink jetzt für 2 Wochen nichts" usw., die kamen nicht. Wären sie gekommen, ich hätte mich daran geklammert, da bin ich mir sicher. Warum es mich nie stutzig gemacht hat, dass nicht einmal diese kleinen Strohhalme gereicht wurden - ich weiß es nicht.

Es gab immer mal wieder das Gespräch im Freundeskreis, in dem erzählt wurde „...das war etwas viel in letzter Zeit, ich will mir jetzt mal selbst zeigen, dass es auch ohne noch geht..." Festgesaugt habe ich mich an solchen Aussagen, verzweifelt immer nachfragend, hast du das gehört? Finde ich toll, dass der das macht.

Zum Thema wurde das mit meinem Mann nie. Er hat es bei solchen Gelegenheiten gemacht wie immer: keine Antwort gegeben. Und ist immer bei mir durchgekommen damit. Wobei mir auch da schon klar war: keine Antwort ist auch eine.

Er hätte es nicht gewollt und - ich ahnte es, drückte es aber weg, so weit wie möglich - auch gar nicht geschafft.

Eines Tages kam der Anruf, ich war in der Arbeit: „Ich kann nicht mehr, kannst du bitte kommen?"

Meine Reaktion? Erleichterung. Von Sorge keine Spur, einfach nur Erleichterung. Das Gefühl war natürlich schrecklich, aber in dem Moment dachte ich einfach nur: ok, jetzt brauchst du deine Restkraft, die hast du, nun kannst du sie sinnvoll einsetzen, es löst sich etwas, er hat es endlich kapiert, es kommt etwas in Bewegung, es passiert etwas, weil er es jetzt irgendjemandem sagen muss. Nicht ich verrate es, er muss es selbst sagen. Er muss es aussprechen.

Ich hätte es nicht in Worte fassen können, dieses riesige Durcheinander an Gefühlen, die alle auf einmal über mich kamen. Ich erinnere noch gut, wie ich tränenüberströmt heimgefahren bin, die Frau gegenüber in der U-Bahn mich mitleidig angeschaut hat und ich mir nur dachte: ihr habt keine Ahnung, ihr habt alle überhaupt keine Ahnung, wie gut ihr es habt. Ich fahre jetzt heim und weiß noch nicht, wie es danach weitergeht.

Es war mir auch relativ gleichgültig. Wichtig war in dem Moment nur, dass etwas, was auch immer, in Bewegung kam.

Es folgte der erste Aufenthalt in einer Einrichtung zum Entgiften.

Und da begann dann meine Wut. Eine unglaubliche Wut. Auf ihn, auf mich, auf das Leben.

Jeden Tag fuhr ich nach der Arbeit zu ihm und weinte mir auf dem Weg dahin jedesmal die Augen rot. Ich empfand es einfach nur als entwürdigend, dieses Gebäude zu betreten. In dem Menschen jeder Altersklasse, aus jeder Bevölkerungsschicht, beiderlei Geschlechts versuchten, manche zum wiederholten Mal, im Leben wieder Fuß zu fassen. Menschen, denen man ansah: das wird so schnell nicht wieder, wie auch? Hier war der erste Moment in dem mir klar wurde, mein Mann ist Akademiker, Vater, Führungskraft - hier ist er einfach nur Alkoholiker. Keinen Deut anders als ein Arbeitsloser, Obdachloser, Verwahrloster. Einfach nur alkoholkrank.

Es hat mich viel Überwindung gekostet das Gebäude zu betreten, ich habe mich geschämt, fühlte mich völlig deplatziert mit meinem Hosenanzug aus dem Büro. Angeschaut wurde ich nicht, für die Patienten war ich Luft, für das Personal wahrscheinlich auch. Ich habe dort Menschen gesehen, die von ihrer Sucht so gezeichnet waren, dass mir die Luft wegblieb. Und ich merkte: das ist eine Welt, von der ich keine Ahnung habe. Dass das der Anfang eines sehr, sehr langen Weges sein würde, das war mir nicht bewusst.

Niemand sprach mit mir. Ich schaffte es natürlich auch hier, meine Maske aufzusetzen, so zu tun, als wäre es das Allernormalste, dass man nach einem langen Bürotag seinen Mann auf einer Entzugsstation besucht. Ich grüßte mir begegnende Pfleger höflich. Und war innerlich irgendwie tot.

Er sah schrecklich aus in dieser ungewohnten Umgebung, auch irgendwie verloren. Ich schwamm in einem Topf voll von Gefühlen, in dem einfach nur umgerührt wurde. Schmerzhaft umgerührt. Und über alles streute jemand eine Prise Wut, Bedauern, Angst, Abstoßung und mir bis dahin völlig Unbekanntes, für das ich bis heute keinen Namen habe.

Ich las auf dem schwarzen Brett von Gruppen für Angehörige, wäre aber im Traum nicht auf die Idee gekommen, diese Angebote für mich in Anspruch zu nehmen. Das war trotz der Gewissheit, dass dies keine normale Krankenstation, sondern ein Entzug war, immer noch sehr weit weg von mir. Der Bezug, dass ich hier Hilfe finden könnte, war nicht da.

Und es war mir nicht klar, dass ich längst über alle meine Kraft hinaus erschöpft war, so weit weg, dass ich kein Gefühl mehr dafür hatte, was ich alles stemmte.

Ein Vollzeitjob, zwei Kinder, die damals immer noch nichts wussten von dem richtigen Grund und einen alkoholkranken Ehemann. Das Schauspiel, das alles immer noch geheim zu halten, brachte mich an meine Grenzen.

Zu diesem Zeitpunkt des Klinikaufenthaltes war ich einfach nur froh, dass er nicht zuhause war, nicht trinken konnte und ich angstfrei heimkommen konnte nach der Arbeit. Dieses freie Gefühl, die Tür aufzusperren und zu wissen, es warten zwei Kinder, der Haushalt, die Katze und noch einiges zu tun auf mich, aber kein verdrucktes Eheschauspiel vor den Kindern, das war einfach nur erleichternd.

Erholung brauchte ich keine, der Grad der Erschöpfung war mir nicht klar, ich funktionierte einfach.

Alleine das Gefühl zu wissen, ich komme heim, kümmere mich um alles und darf dann einfach nur schlafen, ohne mit dem Thema Alkohol konfrontiert zu sein, war erlösend.

Es folgte das Übliche. Nach dem ersten Entzug ein Leben, das weitergeführt wurde, als wäre nie etwas geschehen (er war ja offiziell im Krankenhaus gewesen wegen Kreislauf und Blutdruck). Besorgte Nachfragen „geht's denn wieder besser? Der Arme." Ich hätte kotzen können. Zu dem Zeitpunkt fing es an, dass ich dachte, „wenn ihr wüsstet"...

Diese Wut, die auf der Entzugsstation begann, steigerte sich bei mir. ER wurde bemitleidet, es wurde sich gefreut, dass es ihm wieder besser geht - ich selber wurde immer weniger, es zehrte mich auf.

Natürlich fing er wieder an zu trinken, natürlich verleugnete er auch das wieder, natürlich wurde wieder nicht darüber gesprochen. Und leider natürlich machte ich auch das wieder mit.

Es folgte ein langer Weg, Zeiten des Konsums, Zeiten, in denen er trocken war, Klinikaufenthalte, einige Wochen Entzug - das, was dann eben geboten wird, für den Alkoholkranken, um den Weg zurück zu finden.

Und ich?

Ich fand in der Zeit auch einen Weg. Einen etwas unüblichen vielleicht, es war eben meiner.

In Büchern habe ich oft großen Halt gefunden. Ich bin in der Zeit in einem Buch von Jorge Bucay auf „Die Phasen der Trauer" gestoßen. Und habe festgestellt, dass ich sie durchgemacht habe, es war ein trauriger, schmerzhafter Abschied von dem Leben, das ich einmal hatte.

Verdrängung - Vernachlässigung - Gauben verlieren - sich verschließen - Überforderung - Lähmung - Genussfähigkeit weg...

All das, diesen ganzen Prozess, den ging ich in dieser Zeit der Alkoholkrankheit meines Mannes durch, Phase für Phase.

Loslassen, ohne jemanden fallen zu lassen - wie schwer das ist weiß nur, wer hier schon einmal gefordert war. Vor dem Loslassen kommt ein Schritt, der eigentlich unerlässlich ist: das Seinlassen.

Man sagt, dass alles letztendlich auf Liebe oder Angst zurückzuführen ist: jedes Gefühl, jede Tat, jeder Gedanke. Bei mir war es nur noch Überlebenswille. Und selbst der war zwischendurch weg. Er kam aber immer wieder, dafür bin ich sehr dankbar.

Resümee

Das Schreiben dieser, meiner, Geschichte ist mir unendlich schwer gefallen. Manchmal tippte ich mir stundenlang die Finger wund, es floss alles aus mir raus. Und dann gab es viele Tage, an denen ich nach ein paar Sätzen wieder aufhören musste. Weil es mich emotional erschöpfte und ich immer wieder erschüttert bin, durch was wir hier durchgegangen sind. Und ja, mir kommen dabei heute noch die Tränen.

Ich dachte, ich wäre über vieles hinweg. Ich bin es nicht.

Diese Jahre sind Teil meiner Biographie, sie gehören zu mir. Ich will sie nicht verdrängen, auch nicht so tun, als wären sie nie gewesen. Sie haben mich zu dem Menschen gemacht, der ich heute bin. Ich will nur nicht ständig wieder damit konfrontiert werden. Es ist viel kaputt gegangen in mir. Aber es durften neue, schöne, wertvolle Sachen ans Licht kommen. Ich habe mich entwickeln dürfen, war oft kurz davor, aufzugeben, mich selbst aufzugeben. Der Gedanke an ein Ende war streckenweise wie eine Erleichterung. Zu wissen, wenn ich nicht mehr kann, gebe ich einfach auf. Löse mich auf und dann müssen andere sich kümmern, ich kann nicht mehr.

Auf die Idee, dass es auch weitergehen würde, ohne dass ich vorher völlig am Boden sein müsste, kam ich nicht. Der Kopf ja, natürlich - aber es kam nie in der Seele an.

Ich habe gekämpft, am Schluss ohne mich zu fragen, wofür. Der Anlass zu Beginn, der verliert sich im Laufe der Jahre, wenn die eigene Kraft schwindet, wenn man nur noch hofft, den Tag gut zu überstehen.

Hat es sich gelohnt?

Ich weiß es nicht. Und wenn, dann weiß ich nicht für wen. Ich weiß nicht, wie es gewesen wäre, hätte ich aufgegeben. Wir wären heute alle andere Menschen. Die Kinder haben ihr Paket mitbekommen, das steht außer Zweifel. Sie haben heute ein gutes Verhältnis zu ihrem Vater, das war mir immer wichtig. Sie sollten ihn nicht verurteilen für seine Krankheit, obwohl sie es nicht verstehen konnten. Diese Gratwanderung war mehr als schwer, aber ich glaube, zumindest ein kleines Stück ist das geglückt.

Die Scherben, all das Unglück, hätte ich es vermeiden können, wenn ich anders reagiert hätte?

Er ist heute „trocken". Gesund werden kann ein Süchtiger nicht, die Symptome verschwinden, die Gefahr bleibt. Was heißt das für mich? Ein dauerhaftes Leben in Hab-acht-Stellung? Nein, ich habe mich entschieden, zu vertrauen. Darauf, dass er es schafft, für immer.

Im Laufe der Zeit wurde ich ruhiger, der Kontrollzwang verschwand. Anstelle von Kontrolle trat einfach Desinteresse. Und die kraftvoll gewachsene und feste Überzeugung - wenn das nochmal passiert, gehe ich. Wortlos.

Es gibt Wege, diese Zeiten gemeinsam durchzustehen.

Wie sehr ich am Ende war wurde mir erst bewusst, als er wieder anfing, sein Leben selbst zu leben. Anfing, sich um sich zu kümmern, all das, was er in seinen Therapien gelernt hatte, für sich umzusetzen.

Dass es dabei nur um ihn ging, traf mich mit einer Wucht und Härte, dass es mir nochmal den Boden wegzog. Er nahm sich Zeit für Dinge, die ihm gut taten, besann sich auf Pausen und Auszeiten - und ich stand daneben und schnappte nach Luft. Denn ich hatte das längst verlernt, Raum für mich gab es ja nicht. Und der Alltag, die Sorgen, die Angst waren für mich ja nicht weg.

Ich werde all das nie vergessen, aber ich habe vergeben. Weil ich verstanden habe, dass er nicht anders konnte, dass das eine Krankheit ist, eine fiese Krankheit, die viel kaputt macht, nicht nur den Betroffenen. Das zu begreifen und sagen zu können, „es war dein Weg, ich bin ihn mitgegangen, du hast mich nicht gezwungen, es war meine Entscheidung", das hat mich endlich die Wut loslassen lassen, die Angst, die Trauer - aber erst später, irgendwann, als ich aufgegeben habe, auf eine Einsicht bei ihm zu warten. Denn das hat mich, als er schon trocken war, noch einmal viel Kraft gekostet. Dieses vergebliche Warten auf ein Gespräch, ein paar Sätze, die mir in irgendeiner Form gezeigt hätten, dass er sieht, dass er anerkennt, was wir alle durchgemacht haben.

Er war krank, aber *wir* sind daran auch fast kaputt gegangen.

Wie sehr habe ich mich danach gesehnt, dass mir hier die Last von der Seele genommen wird durch ein ehrliches, anerkennendes „ich weiß, ihr habt auch viel durchgemacht, ich bin so froh, dass ich dich hatte, sonst hätte ich es nicht geschafft" - etwas in dieser Art. Ich hätte das dringend gebraucht, ich hätte das Thema an- und durchsprechen müssen, damit sich meine Wunden endlich schließen können. Mit ihm, nicht mit anderen. Für ihn ist es heute nach wie vor so, dass er meint, er hätte sich entschuldigt, damit müsse das Ganze doch einfach mal zu Ende sein können.

Nein, ist es nicht. Nicht für mich. Definitiv nicht.

Vergebung ist ein sehr komplexes Thema. Manchmal braucht man erst Trost, neue Hoffnung, Sicherheit, Klarheit über Abbruch oder Neugestaltung einer Beziehung, bevor man wirklich loslassen und vergeben kann. Oder man lernt Menschen kennen, die einem den Weg zu sich selbst zurück zeigen. Dieses Glück hatte ich. Und dafür bin ich unendlich dankbar, in jeder Sekunde.

Man kann sich nicht selbst entschuldigen, nur andere darum bitten. Ich habe immer auf einen Ausdruck, einen ehrlichen Ausdruck des Bedauerns gewartet, auf eine Anerkennung der Verantwortung, die ich in dieser Zeit getragen hatte. Auf ein bisschen Reue, ein Angebot zur Wiedergutmachung, dem Wunsch von ihm nach Vergebung - vergeblich. Für ihn war das Thema, nachdem er sich sicher fühlte, einfach fertig. Mit einem „ich habe doch jetzt schon dreimal gesagt, dass es mir leid tut" konnte ich mich nie abfinden. Abgefunden habe ich mich mit der Erkenntnis, dass es nie anders von ihm kommen wird. Weil er bis heute nicht wahrnehmen, nicht sehen, nicht anerkennen kann, was ich in dieser Zeit durchgestanden habe, was seine - unsere - Kinder durchgemacht haben.

Es ist *sein* Weg gewesen, ich bin ihn mitgegangen, gezwungen hat mich niemand.

Ich fing an, mich mit dem Thema „Sucht" intensiv auseinanderzusetzen. Und lernte unendlich viel, was mich - leider erst so spät - verstehen ließ, dass Alkoholismus keine Charakterschwäche, sondern eine Krankheit ist, eine schlimme Krankheit. Das hätte ich alles viel früher wissen sollen, es hätte mir Schutz bedeutet, ich wäre nicht so oft am Abgrund gestanden, ich hätte die Möglichkeit gehabt, zu verstehen, nachzudenken, zu reagieren und Entscheidungen zu treffen, statt immer nur angstgetrieben auf den nächsten Moment zu schauen. Mir meine Kraft einzuteilen, mir ein reales Bild von der Zukunft zu machen, es wäre möglich gewesen. All diese Mechanismen, in die man rutscht, dieses Schauspiel, das man aus seinem Leben macht, dieses Auseinanderklaffen von der Welt da draußen und dem geheimen Leben Daheim - es macht einen kaputt.

Und man merkt es erst, wenn es für einen selbst schon fast zu spät ist. Bis dahin funktioniert man.

All mein Wissen habe ich mir mühsam zusammengesammelt, im Internet, aus Büchern, aus Gesprächen mit Therapeuten.

Die Angebote von Gruppen für Angehörige im Rahmen der Anonymen Alkoholikern, die konnte ich nicht annehmen. Wie auch, es dauerte ja ewig, bis ich überhaupt der Tatsache ins Gesicht schauen konnte, dass ich mit einem Alkoholiker verheiratet war. Und selbst dann dachte ich noch - nein, da sind Menschen, die ganz anders sind als ich, ich will da nicht hin. Ich schaffe das alleine. Die Hürde war viel zu groß, ich hätte andere Hilfe gebraucht.

Ich habe es geschafft.

Der Preis war aber hoch.

Er hat es auch geschafft.

Ist trocken, hat sich sein Leben ohne Alkohol sortiert und einge-richtet und gelernt, manchen Situationen, die ihm unangenehm sind wie Weihnachtsfeiern oder Firmenfesten, aus dem Weg zu gehen.

Wir haben es irgendwie nicht geschafft.

Weil es in einer liebevollen Partnerschaft nicht darum geht, dass jeder für sich, der Kranke und der Partner, aufrecht aus der Situation rauskommt - man muss das gemeinsam machen, sonst verliert man sich. Probleme, Ängste löst man in einer Beziehung nicht für sich al-leine, das wäre eine merkwürdige Sache.

Es betrifft beide, diese Krankheit betrifft das gesamte kleine Uni-versum, entweder die Paarbeziehung oder das Familiensystem.

Gelingt es nicht, das gemeinsam zu verarbeiten, in vielen Gesprä-che, tränenreich, ehrlich, sich verletzt zeigen dürfen, wahrgenommen und gesehen werden, dann wird es schwierig und man geht auf dem Weg der Entfremdung immer mehr in andere Richtungen. Einfach nur, weil etwas Grundlegendes kaputtgegangen ist und fehlt - die offene Kommunikation, das Vertrauen, dass man mit dem Menschen, mit dem man lebt, alles teilt. Sorgen, Freude, Lachen, Angst.

Liebe basiert auf einem respektvollen, liebevollen, wertschätzen-den Füreinander zwischen zwei Menschen, die sich achten und auf-einander aufpassen, dass es ihnen gut geht. Das wieder aufzuholen, dazu bedarf es einer gesunden Grundlage und des ehrlichen Blicks auf das, woran man nach dieser Zeit noch glauben, woran man noch festhalten kann und mag.

Jeder muss seinen eigenen Weg gehen, die Geschichten ähneln sich bestimmt. Und doch denkt man, man ist alleine auf der Welt mit seinen Sorgen.

Das Thema Alkohol ist allgegenwärtig. Und doch nicht präsent. Es wird viel darüber geredet, aber nicht wirklich gesprochen. Der Leidensdruck der eigenen Familie, des Partners und der Kinder, ist unermesslich hoch. Wenn man - wie ich - voll mit behindernden Glaubenssätzen ist, hat man das Glück oder eben das Pech, das alles sehr lange, viel zu lange, mitzumachen. Bis man zusammenbricht.

Ich habe nie gelernt, dass die wichtigste Person in meinem Leben ich selbst bin.
Jetzt weiß ich es.

Ein wichtiger Punkt ist, dass man irgendwann vergeben kann. Das tut man in erster Linie für sich selbst und der Zeitpunkt kam bei mir erst sehr sehr spät. Ich glaube, ich konnte erst vergeben, als ich selbst Trost bekam, neue Hoffnung auf ein gutes Leben, Sicherheit in mir selbst wieder gefunden habe. Feststellen durfte, dass ich ein liebenswerter Mensch bin, dass ich Bedürfnisse haben darf, dass ich etwas erwarten darf vom Leben. So wie jeder Mensch.

„Jeder hat zwei Leben. Das zweite fängt an, wenn man erkennt,
dass man nur eines hat.“
- Tom Hiddleston -

Beginne ein neues Leben. Nicht „von vorne“.
Das wünsche ich meinem neuen Ich.

Brief von der Tina heute an die Tina damals

Liebe Tina,

du hast es geschafft. Du hast Narben, Schrammen, Verletzungen, die nur äußerlich geheilt sind - aber du hast auch ganz viel über dich gelernt in dieser Zeit.

Ich möchte dir gerne sagen, dass ich stolz auf dich bin.
Stolz, weil du etwas geschafft hast, von dem du vorher noch nicht einmal ahntest, dass es machbar sein könnte. Du hast nie aufgegeben, hast gekämpft auch dann, wenn du oft nicht wusstest wofür. Du hattest Urvertrauen in das Leben, obwohl du selbst deine Mama als Baby verloren hast. Und du hattest vor allem die Liebe zu deinen Kindern, die dich so stark hat werden lassen. Du bist ihnen ein Fels, unkaputtbar und immer da, das war deine Vorstellung von deinem Mamaleben und das hast du gelebt.

Du warst schrecklich verängstigt, du hast soviel Entwürdigendes über dich gehört, dass du felsenfest davon überzeugt warst, nichts wert zu sein.

Liebe Tina, ich möchte dir gerne ein paar Dinge sagen, die dir wahrscheinlich nicht ganz geheuer sind, weil du es nicht gewohnt bist, so etwas über dich zu hören und kannst es vielleicht nicht gleich annehmen. Aber sei so lieb - lies weiter und nimm es an.

Du hast nie dein Schicksal beklagt oder dich über die Ungerechtigkeit der Welt erbost, weil du dachtest, das gehört sich nicht. Du wurdest so erzogen, dass du dich selbst nicht so wichtig nehmen sollst - schade eigentlich, denn wer soll sich um dich kümmern, wenn du es nicht selbst machst? Du hast trotzdem überlebt und deinen Kindern das Überleben gesichert - ich bin stolz auf dich.

Weißt du, ich höre die Menschen oft sagen „geh doch, mach doch einfach, tu doch...." Wenn es denn so einfach wäre. Du hast erleben müssen, wie schrecklich hoch die Berge sind, wenn man ganz weit unten im tiefsten Tal sitzt. Es war schlimm, und du darfst und sollst das so sagen und empfinden!

Aber du hast den Aufstieg geschafft, trotz Rückschlägen - ich bin stolz auf dich.

Du bist oft auf dem Boden gelegen. Wolltest manchmal nicht mehr aufstehen, konntest auch nicht mehr. Ich weiß, was du manchmal gedacht hast.

Aber du hast die Verantwortung für deine Kinder und deinen Mann weiter getragen - ich bin stolz auf dich.

Du hattest keine Tränen mehr, ich weine dafür heute manchmal um dich - und bin glücklich, dass du dich nicht aus dem Leben verabschiedet hast, obwohl du dich manchmal schon in ein Nichts verwandelt hattest.

Ich wünschte, du hättest mehr Selbstvertrauen, mehr Selbstliebe und mehr Wissen um deine Fähigkeiten,   um deine Kraft gehabt. Mehr Mut, dass du es schaffst und die Offenheit, dir Hilfe zu holen. Es ging seinerzeit nicht, ich verstehe dich nur zu gut.

Es ist damals nicht so gekommen, wie du es dir gewünscht hast. Das Leben ist kein Wunschkonzert und manchmal spielt das Orchester verrückt, da kann der Dirigent machen, was er will. Er kann sich aber einen neuen Wirkungskreis suchen.
Diese Wahl hat er immer.
Denn wie heißt es so schön: willkommen im Leben deiner Wahl.

Ich schreibe dir aus deiner Zukunft und ich weiß daher: Heute bist du wieder stark. Nicht immer, aber es wird immer besser. Du wirst dein Wissen, dein Können steigern und deinen Selbstwert auf Vordermann bringen. Du wirst dir durch all die Zeit deine Liebe zum Leben bewahren und weiterhin zuerst das Gute im Menschen sehen. Du wirst „dank" deines so gelebten Lebens anderen Menschen in ähnlichen Situationen hilfreich sein können.

Das ist das besondere an dir. Und ich möchte, dass du weißt, dass ich auch darauf stolz bin.

Ich habe so viel Gutes im Leben erfahren dürfen, durch genau diesen Weg, den ich gegangen bin. Ich wünsche mir, dass ich nie vergesse, wie stark ich bin, wie viel Kraft ich habe und dass ich immer weiter lerne, dass der wichtigste Mensch in meinem Leben ich selbst bin. Erst dann habe ich die Kraft, anderen etwas geben zu können.

Liebe Tina, das soll es nach alldem sein, ohne schlechtes Gewissen - das Leben deiner/meiner Wahl. Nimm an, was sich dir bietet und habe keine Scheu, dir auch mal etwas zu nehmen, ohne Rücksicht auf andere. Einfach nur, weil es dir gut tut. Du darfst das!!!!

In Liebe,

Deine Tina

Anhang. Akupunkturpunkte

Akupunktur kann man nicht aus Büchern lernen, ebenso wenig wie Psychotherapie. Aber Anregungen kann man sich holen.

Deshalb sind die folgenden Beschreibungen nicht als Lehrinhalte zu verstehen, sondern mögen dem Nicht-Kundigen als Hinweis gelten, was alles möglich ist und beim Kundigen Interesse wecken, sich dem Thema weiter zu nähern. Die Liste der Körperpunkte stellt nur einen Teil der verwendeten Akupunkturpunkte dar.

Sollten Sie ob der Vielzahl der genannten Indikationen abwehrend den Kopf schütteln, denken Sie bitte daran, dass die WHO 107 Indikationen für eine alleinige oder unterstützende Akupunkturbehandlung kennt.

Und sollten Sie ob der Unterschiedlichkeit der durch Nadelung eines Punktes gleichzeitig erzielbaren Wirkungen abwehrend den Kopf schütteln, denken Sie bitte erstens daran, dass Akupunktur eine zutiefst ganzheitliche Intervention ist, die immer, ausnahmslos, eine psychosomatische Wirkung entfaltet, ganz einfach deshalb, weil der Mensch eine psychosomatische Einheit ist. Und denken Sie bitte zweitens daran, dass es - um im technischen Vergleich zu bleiben - einen himmelweiten Unterschied macht, ob ich an der wichtigsten Kreuzung des internationalen Datenverkehrs in Frankfurt, wo 1.200 Internetkabel aus aller Welt zusammenlaufen, Hand anlege oder - sagen wir mal - am Telekom-Verteilerkasten am Ortsausgang von Dagebüll.

Als effizient zur Behandlung einer Abhängigkeitserkrankung hat sich die Kombination von Ohrakupunktur und Körperakupunktur erwiesen.

Die Bezeichnungen der Punkte mit Organnamen sind nicht zu verstehen als rein organbezogen. Im ganzheitlichen Denken sind Organe stets Teil weiterer, auch psychischer, Systemteile und Störungen haben entsprechend die verschiedensten Auswirkungen auf andere Organe und die Psyche.

Die Ohrpunkte

Ohrpunkt 55, Shen Men,
Zuschreibungen: analgetische und sedierende Wirkungen, reguliert Excitation und Inhibition im Bereich cerebraler Kortex, »klärt den Kopf«.

Ohrpunkt 51, Vegetativum, Repräsentation autonomes NS/sympathisches NS.
Zuschreibungen: beruhigend, entspannend, zentrierend, analgetisch.

Ohrpunkt 95: Niere.
Zuschreibungen: reduziert Ängstlichkeit, stärkt Energie, lindert Rücken- und Knochenschmerzen. Unterstützt innere Struktur, bewahrt Nieren-Qi[45].

Ohrpunkt 97/98: Leber.
Zuschreibungen: Regulierung von Entgiftung , Muskelspannung und Emotionen, besonders übermäßige Wut/Zorn/Aggressivität.

Ohrpunkt 101, Lunge.
Zuschreibungen: Analgesie, Minderung von Entzugssymptomen auch inhalativer Stoffe.

Diese von Michael Smith entwickelte geniale Punktekombination (es werden beidseits an jedem Ohr alle fünf Punkte genadelt) ist wohl u.a. für die Reduktion des Suchtdrucks verantwortlich. Bei der Nade-

---

[45] Die traditionelle chinesische Medizin versteht unter „Qi" (gesprochen „tschi") die strömende Lebensenergie. Sie ist die Lebenskraft, Grundlage allen Lebens und bildet die Basis der chinesischen Naturbeschreibung. Qi ist Leben, ständig in Bewegung, fließend, Veränderungen hervorbringend. Jede Stagnation führt zur Störung der Lebensvorgänge, völliger Stillstand bedeutet Tod.

lung ist zu beachten, dass die „klassischen" Punkt-Lokalisationen verwendet werden, insbesondere für die Punkte 51 und 55. Zum sicheren Nadeln dieser Punkte gibt es ein paar Hilfestellungen, die allerdings in der Praxis erlernt werden müssen...

Die Körperpunkte

An dieser Stelle noch einmal der Hinweis, dass alle aufgeführten Punkte altbekannte klassische Akupunkturpunkte sind, ausgenommen „Pototzkis Punkt". Sie können mitunter auch akupressiert, also ohne Nadeln per Punkt-Druck-Massage behandelt werden.

Wir haben festgestellt (und waren darüber nicht verwundert), dass eine treffsichere Nadelung der Körperpunkte entscheidend für deren Erfolg ist. Im Laufe der Jahre konnten wir eine Methode entwickeln, die auf einfache Art und Weise eine solch „punktgenaue" Akupunktur möglich macht. Wir sind heute sicher, dass dies ein wichtiger Baustein unserer erfolgreichen Interventionsstrategie ist. Diese Art der Akupunktur ist nur unter praktischer Anleitung erlernbar.

Du Mai 20
Diesen Punkt auf dem Kopf nadeln wir in jeder Sitzung (sofern Akupunktur angezeigt ist). Die richtige Lokalisation ist hier entscheidend, um den gewünschten Effekt zu bekommen: stark psychisch ausgleichend. Das bedeutet (u.a.): beruhigend, wenn der Klient eher „aufgedreht" ist, stärkend, wenn er sich psychisch „schlapp" fühlt. Diese psychische Harmonisierung fördert den Schlaf, beruhigt Angstsymptome und öffnet und stärkt die psychische Kondition.

YinTang
Häufig wird dieser Punkt zwischen den Augenbrauen zusammen mit Du Mai 20 genadelt. Er kann dessen Wirkung verstärken. Irgendetwas scheint an dieser Stelle des Gesichtsschädels besonders zu sein, weil praktische jede Kultur diesen Punkt kennt, z.b. „das dritte Auge" oder

„Punkt des Universums" (Yoga). Klassischerweise wird YinTang bei Kopfschmerzen, Nasenschleimhautentzündungen, Nebenhöhlenentzündungen und ähnlichem eingesetzt.

Im Rahmen der Suchtbehandlung wird er unter Zuhilfenahme eines kleinen Tricks nicht klassisch senkrecht zur Nase hin genadelt, sondern senkrecht zur Körperoberfläche. Das vermeidet - bei uneingeschränkter sonstiger Wirksamkeit - weitgehend den sonst erwünschten Tränen- und Nasenschleimfluß (Befreiung der entzündlich verstopften Nase), was als Entzugssymptom unangenehme Empfindungen auslösen könnte.

Extrapunkt 6, „Schlafkranz"

Hinter diesem plakativen Begriff verbergen sich insgesamt 5 Punkte auf der Kopfhaut, die in einer bestimmten Anordnung gestochen werden. Unruhe, Nervosität, Schwindel und eben auch Schlafstörungen können damit behandelt werden. Er fördert die Wiederherstellung des individuellen natürlichen Schlafrhythmus.

Psychotherapiepunkt nach Bourdiol

Vor dem Ohr gelegen, kann dieser Punkt hilfreich dabei sein, den Klienten auf eine verbale therapeutische Intervention einzustimmen.

Du Mai 26

Ein faszinierender Punkt oberhalb der Oberlippe, mit dem es in fast allen Fällen gelingt, einen Kollapszustand oder einen akuten Krampfanfall in kürzester Zeit zu beenden. Das scheint kaum glaubwürdig, man muss es erlebt haben. Heute sehe ich diesen Punkt bei den genannten Indikationen als Intervention der Wahl an. Er ist ebenfalls anwendbar bei Schmerzen im Lendenwirbelbereich, wenngleich es dafür einen eklatant wirksameren Punkt gibt: PaM 75 (siehe unten).

Heute meistens nicht mehr notwendig, weil fast immer ein so genannter warmer Entzug⁴⁶ durchgeführt wird, ist eine Krampfanfalls-prophylaxe. Die gelingt auch mit Akupunktur. Dazu werden an beiden Beinen die Punkte *Gallenblase 34*, *Blase 62* und *Leber 3* zusammen genadelt.

Herz 7

Das Herz gilt in der traditionellen chinesischen Medizin als Sitz des Bewusstseins und ist unter anderem für die psychischen Funktionen, für das Denken und das Gedächtnis verantwortlich.
Allgemein wird dieser Punkt bei Schlafstörungen, Angstzuständen, aber auch bei Hyperaktivität und beispielsweise Kreislauffunktions-störungen genadelt.
Im Rahmen unserer Arbeit ein oft unterschätztes Phänomen ist die so genannte „innere Unruhe". Man kann sie nicht messen, oft kann sie der Betroffenen sogar ganz gut verbergen, aber man kann sie spüren. Sie ist meist diskret, obwohl sie ein außerordentliches Alarmzeichen dafür ist, dass „etwas nicht stimmt". Herz 7 ist gut geeignet, innere Unruhe auszugleichen. Allerdings nadeln wir den Punkt nicht dort, wo er in der gängigen Literatur lokalisiert wird.

Herz 9

»Klarer Geist« würde die Deutung der chinesischen Bezeichnung dieses Punktes lauten. In der Tat scheint er so etwas wie einen „kleinen Energieschub" zu geben, wird aber bevorzugt bei Unregelmäßigkeiten des Herzens und des Kreislaufs eingesetzt.

Niere 3

Die Niere gilt in der traditionellen chinesischen Medizin unter ande-

---

⁴⁶ Im »warmen« Entzug wird der konsumierte Suchtstoff meist unter stationär-klinischen Bedingungen langsam immer weiter runterdosiert und schließlich ganz abgesetzt. So werden heftige akute Entzugserscheinungen (zu denen auch frieren gehören kann) vermieden, die bei einem so genannten »kalten« Entzug meist auftreten. „Kalt" bedeutet, dass der Suchtstoff abrupt abgesetzt wird.

rem als Speicherort der „Lebensessenz"[47], ist neben der Wasseraus-
scheidung („Reinigung der Körpersäfte") verantwortlich für die Regu-
lation des Gleichgewichts von Yin und Yang, der psychischen Aktivität,
des Willens, des Wachstums und der Entwicklung des Menschen. Ein
Schwäche des Organsystems Niere drückt sich in Aktivitätsmangel,
Angst, Depression, Impotenz, degenerativen Gelenkerkrankungen,
Funktionsstörungen des Gehörs und des Innohres, sowie in Haaraus-
fall aus, sagt die traditionelle chinesische Medizin. Abhängigkeitserkrankungen können unter dem Begriff „Yin-Nieren-Schwäche" zu-
sammengefasst werden, entsprechend wichtig sind die Punkte auf
dem Nierenmeridian. Niere 3 stabilisiert Emotionen und Geist, unterstützt Jing und wird u.a. auch bei so genannter psychovegetativer Erschöpfung genadelt.

Niere 7
...hat ein analoges Wirkprofil zu Niere 3, wird eher bei fehlendem An-
trieb Punkt der Wahl sein, ebenso bei geistiger und körperlicher Erschöpfung.

Ren Mai 6
Eine Hauptindikation für diesen Punkt ist die depressive Verstimmung
bis hin zu Depressionen. Er wird gerne „gemoxt". Hinter diesem Begriff verbirgt sich die Intervention mit einer glühenden Moxa-Zigarre,
die aber natürlich nicht zu Verbrennungen führt oder schmerzhaft ist,
sondern in einer bestimmten Art und Weise vorgenommen wird. Ren
Mai 6 wird zugeschrieben, dass hierüber besonders die Qi-Zirkulation
gefördert und gestärkt, eine Qi-Stagnation beseitigt wird.

Ren Mai 12
Magenbeschwerden jeglicher Art sprechen in der Regel auf die Aku-

---

[47] Eine Interpretation des Begriffes „Jing" lautet „Lebensessenz". Demnach gibt es
eine von den Eltern vererbte, angeborene „Substanz, bzw. Essenz" und eine erwor-
bene, aus der Nahrung stammende. „Jing" so heißt es, nehme im Laufe des Lebens,
besonders im Alter, kontinuierlich ab. Die völlige Erschöpfung des Jing sei gleichbe-
deutend mit dem Tod.

punktur des Punktes Ren Mai 12 an. Er vermag sogar „rebellisches Magen-Qi" zu senken, sprich: er beseitigt Erbrechen. Allerdings haben wir gefunden, dass er in einer etwas veränderten Lokalisation eine noch bessere Wirkung entfaltet.

Magen 36
Manche Akupunkteure nadeln diesen Punkt wegen seiner umfassenden Wirksamkeit bei jeder Akupunktursitzung. Er gilt unter anderem als allgemeiner Tonisierungspunkt (gibt Kraft und Energie), wirkt stark psychisch ausgleichend, stabilisiert den Geist und die Emotionen und hat eine ausgleichende Wirkung auf Stoffwechselstörungen. Angesichts der Bedeutung dieses Punktes ist auch hier wichtig, dass er wirklich exakt genadelt wird.

Gallenblase 20
Im Nacken gelegen, wird dieser Punkt klassischerweise für Kopf- und auch Nackenschmerzen verwendet, die vor allem „windähnlich" sind, also plötzlich auftretend, mit wechselnder Lokalisation und Intensität. Wir haben im Rahmen der Intervention bei Abhängigkeitserkrankungen diesen Punkt akupressiert und eine sehr hilfreiche weitere Wirkung gefunden: er vermag den Klienten im Kontakt mit dem Behandler (und sich selbst) zu halten.

PaM 75
Ein gnadenlos guter Punkt bei allen Formen von Lumbalgien („Kreuzschmerzen"). PaM bedeutet: Punkt außerhalb eines Meridians, obwohl er eigentlich auf dem hinteren Meridian, dem Du Mai, liegt. Wir wollen nicht so weit gehen zu sagen, dass tiefe Rückenschmerzen mit diesem Punkt kein Problem mehr sind, aber er hilft wirklich in der weit überwiegenden Mehrzahl der Fälle schnell und sehr gut.

Pototzkis Punkt
Die folgende kleine Anekdote mag verdeutlichen, dass bei der Entwicklung der Suchtakupunktur der Kollege Zufall mitgeholfen hat und selbst die Akupunktur auch heute noch weiter entwicklungsfähig ist.

Im Laufe einer kalten Entzugsbehandlung (aber auch einfach so) können richtig fiese Wadenschmerzen auftreten, die dazu noch weitgehend therapieresistent sind, bzw. waren. Wir haben eine Reihe von Punkten und Punktekombinationen ausprobiert. Unter anderen die Kombination Ma 44, Bl 60, Ma 36. Hat aber nicht wirklich geholfen - bis Bernd einen schlechten Tag hatte...

Bernd Pototzki, seinerzeit Krankenpfleger in der Reha-Klinik Agethorst, neu im Team und noch nicht routiniert in der Akupunktur, war wohl irgendwie unkonzentriert: Magen 44 war noch korrekt genadelt, Blase 60 aber mit Niere 3 verwechselt und Magen 36 hatte er eine sehr ungewöhnliche Lokalisation zugeteilt. Mit durchschlagendem Erfolg: kaum, daß die Nadeln eine Viertelstunde lagen, gab die Patientin Schmerzfreiheit an. Wir haben das dann natürlich an weiteren Patienten erprobt, mit dem Resultat, dass nach 3 Sitzungen nahezu 90% der Patienten fast vollständige oder vollständige Schmerzfreiheit angaben.

Diesen Punkt, Pototzkis Punkt, lernen Sie nur bei uns...

Milz-Pankreas 6
Dieser Punkt am Bein darf den Titel „Königspunkt bei allen gynäkologischen Beschwerden" tragen, ist weiterhin bei allergischen und immunologischen Erkrankungen wirksam und gilt neben Magen 36 als allgemeiner Tonisierungspunkt.

Literatur

Das Meiste in diesem Buch basiert auf Erfahrungen, auf der Basis oder angereichert durch Lernen und Wissen. Wir vermögen nicht zu sagen, was im Einzelnen uns bewegt, berührt und in den Stand gesetzt hat, dies alles aufzuschreiben - es war ein Prozess über Jahre, wie wohl meist im Leben.

Folgende Bücher, Zeitungen und Zeitschriften, auch in elektronischer Form, haben uns Anregungen gegeben, Erkenntnisse ermöglicht und geholfen zu verstehen. Wir möchten sie empfehlen, natürlich immer unter Hinweis auf den Ausschluss jeglicher Gewährleistung für die Inhalte beispielsweise der empfohlenen Webseiten.

Hilfreiche interessante **Webseiten**:

Neben den üblichen tagesaktuellen Informationsquellen *sueddeutsche.de, zeit.de, spiegel.de* gibt es natürlich weitere interessante Seiten, die übrigens fast alle auch als Newsfeed abonnierbar sind: *scienceticker.info* (gut aufbereitete Wissenschaftsnachrichten), *wissenschaft.de* (Online-Angebot der Zeitschrift Bild der Wissenschaft, ebenfalls gut aufbereitet und ist ein Online-Angebot der Konradin Medien GmbH), *idw-online.de* (ein sehr gutes Angebot, sich mit den neuesten Pressemitteilungen deutscher und internationaler Forschungseinrichtungen versorgen zu lassen), *destatis.de* (Statistiken zu allen möglichen und unmöglichen Fragestellungen), *politik-digital.de* (ein breites Spektrum politisch relevanter Fragestellungen), *investigativ.welt.de* (fundierte Recherchen, vornehmlich im politischen Spektrum), *drugscouts.de* (eine der besten Websites zum Thema Drogen), *pressetext.de* (deutscher Ableger des Pressetext Austria), sowie *reuters.de, stern.de, focus.de, faz.net, news.zdnet.de* und *tagesschau.de*.

Bücher

Frederic Vester

hat unter anderem die Bücher *Phänomen Stress* und *Denken, Lernen, Vergessen* geschrieben. Er war Biokybernetiker, hat grandiose Fernsehsendungen gemacht, die seinerzeit eine Revolution darstellten und gehört in jeden gut sortierten Bücherschrank.

Daniel F. Galouye

hat unter anderem *Welt am Draht* geschrieben. Es ist 1965 bei Goldmann erschienen und heute bestenfalls im Antiquariat erhältlich. Dieses Buch hat alle heute aktuellen Gedanken zu einer virtuellen computeroptimierten Realität vorweg genommen.

Ulrich Hecker

hat eine Reihe von Akupunktur-Lehrbüchern geschrieben. Zum Beispiel das *Lehrbuch und Repetitorium zu Ohr-, Schädel-, Mund-, Handakupunktur*. Es ist eines der wenigen Bücher, das von Deutschland aus erfolgreich auf den amerikanischen Markt gekommen ist. Der Beitrag zur Sucht stammt von Karsten Strauß.

Reinhard K. Sprenger

hat unter anderem *Vertrauen führt, Mythos Motivation* und *Die Entscheidung liegt bei dir* geschrieben. Er ist ein international begehrter Managementberater und Quer-, Klar- und Vorausdenker. Er bewegt was.

Irvin D. Yalom

hat unter anderem *Der Panamahut* und *Wie man wird, was man ist* geschrieben. Er ist ein amerikanischer Psychiater und Psychotherapeut. Die Los Angeles Times schreibt über den 86-jährigen: *Yalom ist ein begnadeter Geschichtenerzähler - und ein ebenso begnadeter Therapeut*. Stimmt.

Cathy O´Neil

hat unter anderem *Angriff der Algorithmen* geschrieben. Sie ist promovierte Mathematikerin, hat als Hedgefonds-Managerin gearbeitet, und weiß deshalb, wovon sie spricht, wenn sie die Digitalbranche kritisiert. Der Untertitel zu ihrem genannten Buch lautet: *Wie sie Wahlen manipulieren, Berufschancen zerstören und unsere Gesundheit gefährden.*

Jorge Bucay

hat unter anderem *Komm, ich erzähle dir eine Geschichte, Selbstbestimmt leben* und *Das Buch vom Glücklichsein* geschrieben. Er ist Mediziner, Psychiater und Therapeut. Er schafft es, seine jahrelangen Erfahrungen in Geschichten zu erzählen, in denen man sich selbst (wieder)findet und erkennt. In Worten, die berühren und verstehen lassen.

Marlen Haushofer

hat unter anderem *Die Wand* geschrieben. 2012 wurde diese bereits 1963 verfasste Geschichte verfilmt. Egal, wann man sie gelesen hat - auch noch nach Jahrzehnten können Tiefe und Bedeutung dem Heute wichtig werden.

Paolo Coelho

hat unter anderem *Brida* geschrieben. Er gehört zu den faszinierenden Schriftstellern, deren Werke zum Nachdenken anregen, Mut machen und den eigenen Weg suchen lassen.

Michael Bohne

hat unter anderem *Bitte klopfen!* geschrieben, eine interessante Methode, mit Akupunkturpunkten umzugehen. Er ist Psychiater und Psychotherapeut, gibt Hinweise und Anleitungen und findet trotzdem, dass jeder für die Lösung seiner Probleme selbst herausfinden sollte, was ihm wirklich behagt und gut tut. Und er teilt das in einer freundlichen klaren Sprache mit, die jeder versteht.

René Borbonus

hat unter anderem *Respekt!: Wie Sie Ansehen bei Freund und Feind gewinnen* geschrieben. Er hat Geisteswissenschaften studiert, als Redenschreiber gearbeitet, ist Rhetoriktrainer und gilt als einer der besten deutschsprachigen Redner. Er ruft in Erinnerung, welche Macht ein gesprochenes Wort entfalten kann.

Zeitfracht Medien GmbH
Ferdinand-Jühlke-Straße 7
99095 Erfurt, Deutschland
produktsicherheit@kolibri360.de